日本のポストフェミニズム

「女子力」とネオリベラリズム

菊地夏野 著

大月書店

はじめに

本書は、初めから構成を組み立て完成された計画のもとに書いたものではない。近年の何かが崩れていくような感覚の中で、失われていくものを見極め、新しく何が生まれているのか言葉にしようともがいた跡の連なりともいうべきものである。

この数十年で、言葉をめぐる状況が大きく変わったように感じる。端的にいえば、権力に対する批判的言語が存在できる空間が縮小した。典型的なのは「左翼」的言語であろう。「左翼」と総称されるような勢力は戦後日本において政党だったり労働組合だったり市民運動だったりの形をとって一定の存在感を発揮してきた。それらが現在では「サヨク」と書かれ、多かれ少なかれ社会の発展を阻害するものとみなされている。

批判的言語の一つであるフェミニズムの場合はより複雑である。フェミニズムは「制度化」や「権威化」のプロセスを経て、社会の認知を受けたかのようである。いくつかの法律もでき、政治は女性に関するさまざまな政策を続けざまに展開している。そのためかえって、フェミニズムが何であるのかその内実が見えにくくなっているように感じるのは私だけだろうか。女性差別は過去のものであるかのような語り口も少なくない。

本書は、このような見通しの悪い視野を、少しでも明瞭にするために思考と表現を続けた軌跡である。

本書のもう一つのねらいは、新自由主義という概念を、ジェンダーとセクシュアリティの面から理論的に考察できるようにすることである。というのは、近年、「新自由主義（Neoliberalism）」概念の理論的有効性について批判する声がある。だが、「新自由主義」概念で把握される社会的変化によって私たちは大きな影響を受けている。そして、通常考えられている以上にジェンダーとセクシュアリティの領域でその影響は深い。本書では、ジェンダーとセクシュアリティの領域から、「新自由主義」をどのようなものとして認識すべきか明らかにすることで、この概念による理論的地平を拓きたいと考えている。

本書の構成は以下の通りである。

第1章で、ネオリベラリズムというものをフェミニズムの立場から考察する際に必要な理論的土台の検討を行っている。具体的には、デヴィッド・ハーヴェイとミシェル・フーコー、ナンシー・フレイザーの理論を用いている。

第2章で、前章を受けてより具体的に、日本の状況に照らして「ネオリベラル・ジェンダー秩序」の内実を検討する。主に均等法、男女共同参画基本法、女性活躍推進法を素材としている。

第3章で、英米のポストフェミニズムの議論を参照し、日本社会のジェンダーとセクシュアリティをめぐる状況が、どのようにポストフェミニズムを形成しているか論じる。

第4章では、日本におけるポストフェミニズムを代表する具体例として「女子力」という流行語を取り上げ、大学生を対象にしたアンケート調査を考察する。

第5章では、2011年に大阪で行われた脱原発を訴える「女子」デモを取り上げる。関わった4人にインタビューを行い、そこから浮かび上がる「女子」という言葉やフェミニズムの意味について考える。

第6章では、「慰安婦」問題をめぐる現状から、「愛国女子」等のポストフェミニズムを形成する言説状況が広がっていることを批判的に検討する。

本書が依拠する理論的立場の一つにナンシー・フレイザーがある。とくにフレイザーの主流のフェミニズムへの批判は多方面から注目されている。それに対して、フェミニズム研究に関わる内部からは消極的な反応が多いように感じる。このこと自体、現在フェミニズムがおかれている社会的位置の複雑さを示しているわけだが、往々にして、フレイザーのフェミニズム批判を認めることがあたかもフェミニズムを否定することになるかのようにみなす向きもあるようだ。

だが私自身は、フェミニズムが自分の中で否定できないあまりに大きな位置を占めているからこそ、フレイザーのような批判から学ぶことが必要だと考えている。フェミニズムはやはり、近代社会に生まれるべくして生まれた思想であり、学問であり運動である。それは非常に大きな広がりと深さ、そして異種混淆性をもっている。であるからこそ、内的な論争や対立が起きうるし、起きるべきなのである。つながりよりも、対話と論争、対立をおそれないどころか、あえて求めるフェミニズムにこそ、私は意義があると信じている。

目次

第1章　ネオリベラリズムとジェンダーの理論的視座

1　本章の目的

本章では、「新自由主義とジェンダー・セクシュアリティ」を考える基本的視点を明らかにする試みを行いたい。日本における新自由主義を、ジェンダーとセクシュアリティの面から分析するためにはどのような視点と枠組みが必要か明らかにすることが本章の目的である。それは、新自由主義下における女性への抑圧のありようを明らかにすることでもある。

ネオリベラリズムという言葉は日本社会でもある程度知られ、現状認識のための一つの手がかりとして認知されているといってよいだろう。だが、そのネオリベラリズムが、ジェンダーやセクシュアリティに関してどのような意味をもっているのかということについてはほとんど明らかにされていないのではないだろうか。女性の「社会進出」は進んだと語られる一方で、「女性の貧困」や「女女格差」といった言葉がときに流行する。現状をどのように認識すべきか、私たちは混沌とした中におかれているのではないだろうか。

本章は、そのような混沌とした認識を少しでも明瞭にするために、日本社会における新自由主義は女性に対して、あるいはジェンダー・セクシュアリティの面でどのような意味をもっているのかということを考えたい。その上で、最新のジェンダー秩序[*1]の輪郭をたどってみたい。フェミニズムが長年求めてきたジェンダー平等は達成されたのだろうか？　フェミニズムとネオリベラリズムはどのような関係にあるのだろうか。

具体的には、代表的な新自由主義論であるデヴィッド・ハーヴェイとミシェル・フーコーの議論を見た上で、ナンシー・フレイザーの社会的再生産論を新自由主義との関係で検討したい。

2　新自由主義とは

2-1　新自由主義論

まず、新自由主義とはどのようなものか確認しておこう。

戦後の資本主義諸国で主流であったのは福祉国家体制である。多くの犠牲を出した大戦の経験から学んだ西側諸国政府は、福祉国家体制によって社会の安定と国際協調を図ろうとした。福祉国家は、資本と労働の矛盾を調整しようとする国家システムである。そのため公的セクターは資本主義国であっても一定の規模を有し、民間企業や市場に対して各種の規制や介入が行われた。福祉国家体制は、社会主義圏の影響力を最小限にするという意味合いもあった。

欧米では1980年代以降福祉国家が縮減し、新自由主義の時代へ入っていく。イギリスのサッチャー政権とアメリカのレーガン政権がよく例として挙げられるが、新自由主義的な経済や社会のあり方の特徴は下記の4点にまとめることができるだろう。

①民営化・資本主義の論理の拡大：金融規制緩和、競争・格差の増大、労働のフレキシビリティ
②公共性の変質：福祉の契約主義、ワークフェア政策
③社会的連帯の喪失
④新保守主義の登場：反動ではなく補完

第1点として、福祉国家体制下では公的セクターの統制下におかれていた社会の基本的なインフラや産業分野、たとえば電気・水道・通信や育児・教育・医療・福祉などの部門が民営化される。その他の産業分野でも、さまざまな規制が緩和・解除されるため、企業間の競争は増大する。とくに、労働者の権利保護が緩和されるのは、新自由主義下において深刻な労働問題を生み出している。

第2に、民営化が進められる一方で公共性も変質する。福祉国家下では「万人の権利」として尊重されていた人権概念にもとづいて、それが満たされない場合には公的福祉システムによって「最低限の生活水準」が保障されることが少なくとも謳われていたが、新自由主義下では福祉の契約主義が進む。福祉を受

給する権利は、誰もが「生まれもったもの」ではなく、「勤労や社会参加への意欲」をもつ者に対して臨時的に認められるものへ変えられていく。その結果行われるのが、求職活動と給付金を引き換えにする制度変更である。勤労意欲があるけれども職を獲得できない者のみ受給権があるという発想によって福祉制度が作り変えられていく。

第3点としてそれらの変化に伴い、社会的な「連帯」の理念は希薄化され、連帯よりも「自己決定」や「自己責任」が理念として優位に上がっていく。民主主義や平等といった価値観は社会意識から後退し、時に非難の対象にもされる。競争がさまざまな局面で実質的に常態化する中で、価値観としても肯定される文化が形成される。

第4点として、同時に浮上するのが保守的な道徳主義的言説である。競争の激化により高まる不安定感は、「家庭」や「国家」の復権を唱える言説へ動員されやすい。それは往々にして人種・民族あるいはジェンダーを根拠とする排外・差別主義と結びつき、運動として形成される。これらは「新保守主義」と呼ばれ、新自由主義と密接な関係をもつ。

新自由主義は以上のような特徴をもつとされる。重要なのは、これらの特徴はすべて、「効率」や「利益」「経済発展」のために有用な変化として唱導されていることである。新自由主義は1970年代のオイルショックなど構造的不況と低成長の時代に導入され、経済の回復のために必要だと認識されている。経済が長期的に停滞し、人口減少・高齢化に悩む各国では、たとえば労働者間の競争を強化して労働効率を上げ、また拡大した（とされる）公共政策を縮小し、「活力ある」民間企業の論理を広げていくことで国家に「利益」がもたらされると語られている。それにもかかわらず、それは富の維持や増大には必ずしも成功したとはいえない。服部茂幸（2013）が指摘するように、成功したのはむしろ、一部の階層への富と権力の集中である。

本論が注目したいのは、新自由主義の政治効果の強力さ、つまり実態としての富の集中すなわち格差の拡大を覆い隠す言説効果である。

新自由主義とは何よりも、強力な私的所有権、自由市場、自由貿易を特徴とする制度的枠組みの範囲内で個々人の企業活動の自由とその能力とが無制約に発揮されることによって人類の富と福利が最も増大する、と主張する政治経済的実践の理論である。国家の役割は、こうした実践にふさわしい制度的枠組みを創出し維持することである（ハーヴェイ　2007：10）。

ハーヴェイの上記引用に定義されているように、新自由主義とはあくまでも社会に広められた「理論」であり、だがその実践はその主張内容を常に裏切るような擬似理論である。

要するに新自由主義は言説様式として支配的なものとなったのである。それは、われわれの多くが世界を解釈し生活し理解する常識に一体化してしまうほど、思考様式に深く浸透している（ハーヴェイ　2007：11）。

新自由主義の影響の大きさはまさにこの点にある。多くの人々の意識や世界観に根づき、個人の価値観や集団の文化として確立し、制度によっても裏打ちされる。そしてそのようなものである限り、新自由主義はそれとして感知されないだろう。

2-2 フーコーの新自由主義的統治論

ハーヴェイと同じように、言説や知識の次元から新自由主義を考察したのがフーコーである。フーコーは、1978年から79年にかけて行われたコレージュ・ド・フランスでの講義において、自由主義、とくに新自由主義について取り上げた。この分析はもとは人口と呼ばれるものを核とする「生政治」についての研究を行うための予備作業として位置づけられた[*2]。

新自由主義は講義当時において西欧に到来していると考えられると同時に、その由来は1948年から1962年にかけてのドイツ自由主義と、シカゴ学派のアメリカ自由主義に見出される。両者ともに「統治の過剰」に対抗するものとして出発し、「経済介入主義、統治機構のインフレーション、官僚主義、あらゆる権力メカニズムの厳格化」(フーコー 2008:398)を敵としている。フーコーは、「統治」を政治的主権の行使の意味に限定して使い、統治という実践の概念化が試みられたやり方を明らかにしようとする。

フーコーは自由主義を「絶えず自由を製造しようとするもの、自由を生み出し生産しようとするもの」(フーコー 2008:80)と把握する。その中で重要なのが、統治と市場の関係性である。

市場の意味は歴史的に変遷している。16～17世紀の市場は正義の場所、さまざまな規制によって包囲された場所であり、売り手にとっても買い手にとっても公正な価格と不正行為の不在の保証を役割としていた。18世紀中頃になると市場の自然的メカニズムによって形成される価格が真理となり、市場は統治実践の真偽を識別する場所となる。つまり統治は市場を「自由放任」させることを使命とするものに変質したのである。この自由主義的統治性は、国家の力を増大させるよりもむしろ統治権力の行使を内部から制限することをその機能とするようなメカニズムである。このようにして18世紀に出現した古典的自由主義において、統治は市場を自由放任（レッセ・フェール）の状態にさせることが求められた。市場が真理の形成の場所およびメカニズムとなったのである。

さらにそこから派生する新自由主義は、以前の自由主義と大きな違いをもっている。古典的自由主義は市場を自由放任させるのに対して、新自由主義においては市場の法則によって統治を経済主義的観点から批判する（フーコー　2008：304）ことが求められる。自由放任が反転し、市場は統治の自己制限の原理ではなく、統治に対抗するための原理となった。つまり市場の自由が、国家から放任されるものではなく、国家を形成し組織化するための原理とされた。政治と社会に市場経済が形式を与える。新自由主義において賭けられているものは「社会的なものの経済的なものに対する諸関係を逆転させること」（フーコー　2008：296）である。市場経済には本来的な欠陥はないのだから、欠陥が生じるとしたらそれは国家の責任であるというわけである。

このような市場と国家に対する考えのもとに新自由主義は、伝統的な自由主義の学説の中に変更をもたらした。すなわち市場の原理が交換から競争へとずらされる。18世紀の自由主義において市場のモデルと原理は交換にあり、国家には交換の自由が尊重されるようにすることが要求されていた。だが新自由主義においては市場の本質は競争の中にあるとされ、さらに新自由主義の理論的分岐となるのは、競争を市場経済に自然発生する現象としてではなく、「際限なく能動的であるような政策を前提とする一つの目標でなければならないし、そのようなものでしかありえない」（フーコー　２００８：１４８）とした点である。したがって、市場とその本質としての競争は、能動的な統治性によって産出されることで初めて出現可能となる。

ここで、市場と統治の関係性は完全に反転し、市場は統治の中で産出されるべきものであると同時に、市場のために統治しなければならない。

3　新自由主義とジェンダー

3－1　「労働の女性化」

それではこのような新自由主義論においてジェンダーやセクシュアリティの観点がどのように位置づけられて論じられているかというと、あまり多くはない。

ネグリ／ハート（２０１２）『コモンウェルス』は新自由主義下の労働の特徴として、「労働の女性化」を論じている。それによれば、ジェンダー平等は未達成にもかかわらず、労働市場における女性の割合が急速に拡大している。それとともに女性労働の従来からの特性（不安定性、情動性）がすべての労働に浸透している。これら全体の傾向が「労働の女性化」といわれるものである。

ネオリベラリズム論において第3世界における女性の状況が注目されることが多い。たとえばハーヴェイは次のように書いている。

> この種の非人間的で健康を破壊する危険な仕事の重荷を背負わされているのは、大部分が女性であり、時には子どもである。（略）「略奪による蓄積」は総じて、世帯内の生産と売買のシステム内部で、あるいはまた伝統的な社会構造の内部で女性が持っていたかもしれないあらゆる力を掘りくずし、あらゆるものを男性中心の商品・金融市場の中に置き直す。（略）先進資本主義国における社会的保護の喪失は、とくに下層階級の女性に不利益をもたらした（ハーヴェイ　２００７：２３５－２３６）。

第3世界における女性や先進資本主義国における下層女性の状況は重要な問題だが、ジェンダーを階級・階層から独立した変数として考えるなら、そこにつながるような中間・特権層の女性の状況について、あるいはジェンダー独自の意味の変遷についてもネオリベラリズム批判の観点からの分析が必要である。

3－2　フーコーの人的資本論

フーコーの統治論においてもジェンダーとセクシュアリティは直接は論じられない。その中でも手がかりとなるのが、統治論の中でも最も注目される一つである新自由主義における人的資本の分析である。

フーコーにとって新自由主義は、「経済分析のなかで初めて、労働者が、労働力という形態における需要と供給の対象ではなく、能動的な経済主体となる」（フーコー　2008：275）理論である。つまり、新自由主義においては、労働者が単なる商品の作り手や労働力の所有者であるのではなく、より能動的で積極的なアクターとして登場しなければならない。もちろんその際、労働者がそこに参加したいかどうかということは問題にならない。

すなわちもともと経済ゲームに参加したいと望んだ者など誰もいないということ、したがって、そうしたゲームに参加したいとはっきり望んだことは決してないにもかかわらずその内部にとらえられている者が誰一人としてそこから排除されないようにするのは、社会の役目であり、国家によって課されたゲームの規則の役目であるということです（フーコー　2008：249）。

国家はしたがって誰もがこのゲームから排除されないように、また降りないように保障しなければならない。

このように、全員参加のゲームとしての資本主義と、誰をも企業家として構成することとはコインの両面である。新自由主義は「交換相手としてのホモ・エコノミクスから自分自身の企業家としてのホモ・エコノミクスへ絶えず置き換える」（フーコー　2008：278）。消費は、個人の私的な行為から企業活動として、生産活動として行われるものへ意味を転換させる。
そして、企業家である個人にとってセクシュアリティの意味も変質する。

つまり、十分に労働し、十分な所得と社会的地位を得ることによって、やはり大きな資本を持っている相手を配偶者あるいは未来の人的資本の共同生産者として手に入れなければならない、ということです（フーコー　2008：281）。

これが結婚の新しい意味である。個々人は労働によって自分の資本を増殖させ、さらに大きな資本を所有する者を配偶者として資本の最大化に努める。結婚は資本の最大化のための戦略の一つである。
フーコーによれば、結婚は、それが包含するさまざまな無限の契約行為のコストを削減する。男女間の賃労働や家事労働、性労働の相互の交換・契約を簡略化し、固定するのが結婚である。その簡略化は当事者同士の手続きの簡素化であると同時に、それをとりまく社会的関係の簡素化でもある。結婚には常にこのような側面があるが、新自由主義においてはこのコスト削減の意味合いが全面化する。
結婚の先にあるのは子育てである。家庭における両親あるいは母親によって割かれた単なる愛情の時間が人的資本を構成しうる投資となる。母親と子どもとの関係が一つの投資を構成する。

母親が子供と共に過ごす時間。母親が子供に与える世話の質。母親が子供に示す愛情。母親が子供の発達、子供の教育、学業さらには身体における子供の進歩に払う警戒。母親が、子供に食事を与えるやり方ばかりでなく、食生活を様式化し、母親と子供との食事における関係を様式化するやり方。こうしたすべてによって具体的に特徴付けられる母親と子供との関係が、新自由主義者にとって、時間の中で測定することの可能な一つの投資を構成します（フーコー　２００８：３００）。

投資が子どもの人的資本を構成し、所得（賃金）を算出する。このような教育投資によって、母親には「心的所得」（フーコー　２００８：３００）が得られる。つまり新自由主義は結婚や子育てを経済主義的に認識する。

さらに、新自由主義者は資本主義の革新を、人的資本による所得に見出している。人的資本の投資を分析することで西欧と日本の経済的発展を解明できると考えられている。

したがって、新自由主義において人的資本論は核心的位置にあるが、人的資本の投資とはジェンダーの観点からいえばヘテロセクシズムによる人間の再生産である。ジェンダーとセクシュアリティは新自由主義の維持再生産にとって核心的な位置にあることがフーコーの議論から暗示されている。

しかし、フーコーの新自由主義論においてこれらの示唆は暗示にとどまるものであり、ジェンダーとセクシュアリティについては解明されない部分が多く残されている。

3-3　ハーヴェイにおける新保守主義とジェンダー・セクシュアリティの位置づけ

次にハーヴェイの理論にジェンダーとセクシュアリティの位置を探ってみよう。

新自由主義は国家によるグローバルな競争を惹起するため、各国内では競争のためのナショナリズムの動員が生じる。愛国心を求めるナショナリズムの強化や人種や民族にもとづく排外主義の増大、ジェンダー秩序の強化等の社会的傾向が観察される。だが一般に理解される新自由主義は、そのような社会的カテゴリーの役割を縮小し、人を均一な主体として自由競争に投入させていくものとしてイメージされているため、新自由主義とそのような新しい保守主義の生起の関係性が問題となる。

ハーヴェイによれば、新保守主義は新自由主義がもたらす過剰な個人主義による「個人的利益のカオス」を是正するとして登場する。しかし実際には、新自由主義の目標である階級権力の復活に沿う形で、道徳的価値観によって社会的な同意を調達しようとする。つまり、新保守主義はネオリベラリズムに対抗して、「国家」や「家庭」「地域」の「絆」を回復すると人びとに訴えかけるが、実際には新しい階級構造の正当化に寄与する。

たとえばアメリカでは1980年代から共和党によって組織化され始めたキリスト教右派を、新保守主義的知識人が正当化した。新保守主義の主張によれば、キリスト教右派を構成する白人労働者たちは資本家によってではなく、「リベラル」によって抑圧されているとされた。そのため、白人労働者にとって、人種的マイノリティや同性愛者や女性の権利を擁護するリベラルが敵とされた。そして共和党寄りの白人労働者層は自分たちの宗教的・道徳的目標を推進する一手段として大企業や共和党との協力関係を受け入れることとなった。現実的には労働者階級の不利益を生み出しているのはネオリベラリズムを推進する企業や政治家なのだが、自らの利益に反する政治行動がとられたのである。この矛盾はより強化されて現在も続いているとハーヴェイは論じる。

たとえば「文化ナショナリズム、道徳的正しさ、キリスト教の信仰（ただし福音派のそれ）、家族の価値、胎児の生命権」や「新しい社会運動——フェミニズム、同性愛者の権利、積極的差別是正措置、環境主義——への反感」（ハーヴェイ　2007：118-119）といった新保守主義の主張は、レーガン政権では戦術的なものにすぎなかったが、2代目ブッシュ政権においては最優先課題となったと指摘している。ハーヴェイはこのような新保守主義を「新自由主義への回答」と位置づけ、新自由主義の進行による社会秩序の解体や価値観の崩壊を補うために必要とされたとしている。

しかし、この新自由主義と新保守主義の関係性は、ジェンダーとセクシュアリティに関しては大きな矛盾を与える。

ハーヴェイが指摘するように新自由主義は理論面と実践面における乖離を特徴としている。つまり新自由主義理論は自由な競争による万人の幸福の実現を掲げるが、実践面ではエリート階級の権力の強化を導くのである。ジェンダーに関する意味を考えると、新自由主義理論は「性別に関わらない能力ある個人の活躍と成功」を約束するが、実践面では、社会的再生産論からわかるように、ネオリベラル化の進展は、女性に課する市場と家庭双方での負担を増大させる。一方、新保守主義の内容として最も重要な要素の一つである「伝統」や「文化」は、その多くがジェンダーとセクシュアリティに関するものから構成されている。男女の役割、家族のあり方や性規範・性的価値観、出産や子育てのあり方などに関して新保守主義は明快な主張を繰り返す。

それらの新保守主義の主張は、新自由主義の利益と合致する。新自由主義は「競争の自由」を主張しながら、実際には競争の前提となっているさまざまな社会的差異や権力関係は不可視化する。むしろ権力関係は競争による勝者の利益を最大化するから暗に肯定され奨励されるだろう。この意味で、実践面を考えるとき、新自由主義と新保守主義はハーヴェイの指摘通り連動している。

だが、理論面で考えると、ジェンダーとセクシュアリティに関して、両者の矛盾はとくに顕著になる。新自由主義がときに「男女平等」を掲げるイデオロギーであるのに対して、新保守主義はその反対の主張を繰り返すのである。

ハーヴェイは、新保守主義を新自由主義への「回答」や「補完」として位置づけているが、ジェンダーとセクシュアリティの観点から考えるとき、新保守主義はより大きな意味をもっているように思われる。新自由主義は「自由」を標榜する言説であるが、当然ながらそれはそれのみで社会を単一に作り上げる力をもつものではない。むしろすでにある「新保守主義」的な下地の上に乗って言語化されるからこそ機能できるのではないか。新保守主義は新自由主義のもとでの伝統の復権というより、新自由主義こそが抑圧的なジェンダー・セクシュアリティ秩序そのものを本質としているのであり、むしろ両者は車の両輪なのではないだろうか。

渡辺治（2007）は、日本に特徴的な点として、新保守主義の担い手についても指摘している。日本の新自由主義が福祉国家を経ずに開発主義を再編して登場した結果、社会統合の破綻が他の先進国と比較しても深く顕在化したため、新保守主義が急伸長した。そして日本のナショナリズムは、グローバル化や新自由主義への反発としてではなく、新自由主義を支持する政治家や上層市民層を基盤としているという。

この指摘を受けて考えれば、日本の特徴は、逆に新自由主義が実現されるときの社会の実態をよりよく表現しているとも考えられる。つまり、新自由主義は、新保守主義を常に必要とし、共存するのではないかということである。

しかし、であればなおさら、新自由主義と新保守主義の腑分けが必要になってくるだろう。ハーヴェイの理論においてはジェンダーとセクシュアリティは独自の中心的課題としては挙げられていないため、このような曖昧さが生まれてくる。新保守主義に対する、さらには新自由主義をも含めたものへの対抗的な価値軸として暗に「進歩主義」的価値原理が想定されているとしても、ジェンダーやセクシュアリティに関してどのような内容がありうるのか不明である。根本的には、ジェンダー不平等やセクシュアリティの抑圧を「新保守主義」という名称で扱うことの限界がある。これらの領域は旧来の「保守対革新・進歩」の構図からはずれるものであるにもかかわらず、ジェンダー不平等を「保守」のカテゴリーに含めてしまうと、ジェンダーの問題が「進歩主義的歴史観」の中に回収される危険がある。「歴史が正しく発展すれば女性差別も解消する」という楽観的仮説である。

同時に、進歩主義的な図式や発展的世界観にもとづいてジェンダーを構想してはいけないということである。社会におけるジェンダーに関する価値観は常にいつでも「進歩」にも「保守」にも進みうるし、そもそも「進歩」や「保守」の内容は未整理である。とくに新自由主義においてジェンダーの「進度」は測り難い。

4　フェミニズムの社会的再生産論

ジェンダーの観点から新自由主義を分析しているのがフレイザーである。フレイザーは『中断された正義』(Fraser 1997＝２００３）において承認と分配の次元から社会を分析して注目されたが、その際議論の基底にあった文化と労働・資本の関係性を後に「社会的再生産」の問題として正面から論じ直している。

4-1　実証的研究

フレイザーの理論を検討する前に、調査にもとづいた実証的な研究としてベッサンソン／ラクストンらの「社会的再生産（Social Reproduction)」論を紹介したい。

ベッサンソン／ラクストンの定義によると「社会的再生産」とは、人びととその労働力の維持および世代的再生産に関わるものであり、具体的には食事や衣類・住居の用意や医療、安全、さらに知識や社会的価値の伝達や文化的実践、個人や共同体のアイデンティティの構築をも含んでいる。

ネオリベラリズムによってこのような社会的再生産における諸産業の民営化が拡大されるが、これらの産業分野には従来から多くの女性が労働力として関わっている。ネオリベラリズムによる民営化は、自由競争の名のもとに、労働条件の悪化を意味するから、社会的再生産分野の民営化によって、女性の労働者化が進むと同時に、女性の労働環境は悪化する。また、社会保障・社会福祉の削減と民営化は、各世帯での女性の負担の増大に直結する。たとえば高齢者への年金や健康保険などの社会保障や社会福祉が縮小されれば、家庭で介護を担っている女性たちの負担が増加する。

ベッサンソン／ラクストンが明らかにしたように、カナダのネオリベラル化は稼ぎ手を家庭に二人必要としているのに、社会的再生産の負担を引き受ける公的支援は消えている。

カナダにおける男性稼ぎ手・女性ケア提供者モデルの共稼ぎ・女性ケア提供者モデルへの代替は、とくに女性に対してペイド・ワークとアンペイド・ワークをやりくりするために巨大なプレッシャーを生んでいる (Bezanson and Luxton 2006 : 5)。

女性が家庭で担いきれない再生産労働は、有償で外部化されることになるが、それは多くの場合、人種的マイノリティの女性に代替される。家事や子育て、介護の負担は、家庭の内外や人種・民族の境界を挟んで、女性に課せられるのである。「ネオリベラル時代において制度を越える社会的再生産の再分配は、ジェンダー、階級、人種／民族の支配的な秩序の不安定化から生じる」(Bezanson and Luxton 2006 : 5)。

このような社会的再生産の再編成は、ジェンダー秩序の再編をも意味している。保守党政権下（1995−2003）のオンタリオ州で、社会的再生産の家庭化と個人化の推進は家族の価値と母性の郷愁あふれる理想化で強調された。親に対して子育てについて学ぶよう奨励するために多額の資金が投与されたのと同時に、子育て支援のための予算は削減された。親、とくに母親の責任が強調されると同時に子育てや教育への公的支援は縮小される。新しい母親の理想像が構築され、女性が社会的再生産に貢献するよう社会的関心が集中する。そのこと全体を、ベッサンソンらは「ネオリベラル・ジェンダー秩序（neo-liberal gender order）」と呼んでいる。

以上のように、ネオリベラリズムは女性に対して大きな影響を及ぼす。女性の労働者化は進み、同時に家庭での負担も増大する。その変化を覆い隠すように「母性」や「家庭」のイデオロギーが再び生み出される。ネオリベラリズムとジェンダー・セクシュアリティは密接に関連しているのである。

4-2 フレイザーの資本主義論

このようなネオリベラリズムとジェンダーの関係性を構造的に考察する「社会的再生産論」の理論的視座を提示しているのがナンシー・フレイザーである。ここで、フレイザーの社会的再生産論を整理した上で、そこでの新自由主義の位置づけを見ていこう。それは、資本主義を社会的再生産の観点から再分析するものである。

フレイザーは、マルクスを批判的に検討した上で資本主義を「制度化された社会秩序」とする見方を提示する。フレイザーはマルクスが、市場の存立は市場化されていない社会関係に依存していることを十分展開していないと指摘する。まずハーヴェイやウォーラーステインの指摘を引きながら、マルクスが注目した搾取の過程は、より暴力的な収奪の過程を前提としており、それは過去のことではなく現在も進行中のものだとする。その収奪を通して資本の利潤獲得を可能にする「原始的蓄積」が行われる。

その上でフレイザーは、見落とされた重大な認識論的転換として、第一に社会的再生産を挙げる。社会的再生産とは、「社会的紐帯を生み出し維持するような必需品の調達やケアの提供や社会的な交わり」(Fraser 2014：61＝2015：12)である。ここには衣食住の確保や子育て・介護といった家庭で提供される機能と、学校での教育、地域社会での諸活動など、一般的に市場外で営まれる多様な社会関係・社会領域が意味されている。フェミニズムが長く指摘してきたように、これらは主に女性に割り振られた活動であり、またそれゆえに無償で行われてきた。近代資本主義は生産労働と再生産労働を分割し、それぞれを男女に割り振り、再生産労働は無償化された。ここで女性の男性への近代的な従属が形成された。しかし賃労働は再生産労働に依存しており、社会的再生産は資本主義的生産の可能性にとって不可欠の前提的条件として考えなければならない。

そして第2の認識論的転換として、フレイザーは自然と資本の関係性を挙げる。自然は資本の無尽蔵の資源として利用されるが、それは金銭的に補償されない。資本主義は人間が無制限に利用するものとしての自然圏と、人間のために生産される経済圏とを分割した。このように自然は資本主義の可能性のための第2の前提的条件となる。

第3の認識論的転換は、政治に関わるものである。資本主義は、公的権力によってルールを保証されることに依存している。公的権力は植民地を含む領域国家に宿り、資本主義に対する抵抗を法的に排除する。さらに近代化により政治的権力と経済的権力が分割され、それは政治と経済を構造的に分割した。これが資本主義の政治的な可能性の条件である。

そしてフレイザーは、資本主義をこれらの構造的分割にもとづいた「制度化された社会秩序」と定義する。つまり、資本主義は単なる経済以上のものであり、むしろ非経済的とされる諸条件・諸領域を含めたものと理解しなければならないと主張する。それは、資本主義が、「社会関係の基本構造を『経済的』であるかのように扱う」(Fraser 2014：66＝2015：15) 特異性をもつからである。

以上のようなフレイザーの資本主義社会論は、新自由主義をどのように位置づけているだろうか。フレイザーによれば、資本主義の構造的分割は、歴史的に変化する。その分割のありようによって、「競争的自由放任主義と国家独占資本主義とグローバル化した新自由主義に資本主義を概念化することができる」(Fraser 2014：68＝2015：17) としている。

フレイザーは、19世紀のいわゆる自由資本主義から20世紀半ばの国家統治型資本主義、そして現在の金融資本主義へと分類し、それぞれの時代において社会的再生産のあり方が変わったと説明する。つまり、自由資本主義は社会的再生産を私有化し、国家統治型資本主義は部分的に社会化し、金融資本主義はそれを強力に商品化しようとしている。

第1段階の自由資本主義時代は、近代資本主義の勃興期であり、多くの女性や子どもをはじめとする構成員を（賃）労働者化する一方で、労働力の再生産に必要なケアは各私的領域内に放任した。このあり方に変化が必要となった第2次大戦後には、国家統治型資本主義が、すべての男性労働者に安定した生活を保障すると同時に、女性は「主婦」として家内労働に専念するという「家族賃金」の理想を提供した。この理想はもちろんすべての者に実現されたわけではないが、国家はこの理想にもとづいて社会を統治することが求められた。この後、現代にいたるネオリベラルな金融資本主義は、この家族賃金の理想から、「二人稼ぎ手モデル」を代わりに提示している。これはフェミニズムの批判にも対応した形で、女性も賃労働で稼ぐことを良いとするが、私的領域内のケアに対して公的な支援は削減する。そのため、男女双方の家庭内外での負担は増大しているが、「二人稼ぎ手モデル」の新しい魅力は実際の困窮を覆い隠す。

現在の社会的再生産の状況について触れたくだりを見よう。

今日、新自由主義がこれらのサービスや一部を(再)民営化したり(再)商品化したり、あるいは社会的再生産の別の側面が初めて商品化されるなど、この分割は再び形を変えつつある。さらに、公共サービスの削減を要求する一方で、同時に女性を低賃金サービス労働へ大量に勧誘することによって、商品生産と社会的再生産を分離していた以前の制度的境界を今や組み替えつつあり、この過程でジェンダー秩序を再構成しつつある。同様に重要なことだが、新自由主義は社会的再生産に大がかりな攻撃をかけて、資本蓄積の基礎条件を資本主義の危機の発火点へ転換しつつある(Fraser 2014 : 62 = 2015 : 13)。

新自由主義によって社会的再生産のありようは大幅に変更されている。それによってジェンダー秩序も変化している。この視座はこれまでのいくつかの議論を総合して見取り図を与えてくれる。

5 女性運動・フェミニズムの矛盾

そしてフレイザーの新自由主義論を考えるとき、重要なのが女性運動やフェミニズムの位置づけである。フレイザーは新自由主義時代におけるフェミニズムを、「資本主義の侍女」と比喩するなど批判的に評価しているが、それを通して逆に新自由主義の複雑さが論じられている。

福祉国家においては、「普遍的な人権」の理念に沿う形で、女性の権利が伸長され、ジェンダー平等の実現が図られる。欧米各国ではその成果が積み重ねられた。その上で、各国で1970年代に「第2波フェミニズム」が生じるが、その評価についてフレイザーは異論を提示する。

フレイザーは、ネオリベラリズムという新たな資本主義の段階に、第2波フェミニズムが「鍵となる成分」を提供したのではないかと内省的に批判する。というのは、第2波フェミニズムが、「公正な社会のフェミニスト版と真っ向から対立する、資本主義社会の構造的変化を正当化するのに一役買った可能性」があるということである。

第2波フェミニズムはジェンダー平等と性的な自由を目指したが、それらの「フェミニズムの理想の一部と、勃興する資本主義の新形態——ポストフォーディズムの、『まとまりのない』、トランスナショナルなそれ——の要求とのおぞましい収斂」(Fraser 2009 : 97–98＝2011 : 27－28)が起きたのではないかとフレイザーは危惧する。

もう少し詳しくフレイザーの分析を見よう。フレイザー（2009＝2011）は、第2波フェミニズムを「国家により組織された資本主義社会に蔓延した男性中心主義への根源的挑戦」とし、その軌跡を、最近の資本主義の歴史との関係で位置づける。

戦後世界の多くは、第1世界における福祉国家と戦後期の元植民地の開発途上国に代表されるような、「国家により組織された資本主義」で編成された。国家組織型資本主義の政治文化は、第1に経済主義、第2に男性中心主義、第3に国家管理主義、第4にウエストファリアリズムという特徴をもつ。第2波フェミニズムは、これら四つの特徴に対して挑戦した。

第1に、公正の一元的・経済主義的見方を、経済・政治・文化を含む三次元的理解と置き換えた。第2に、社会主義フェミニストは運動内部の男性中心主義を批判すると同時に、国家組織型資本主義の男性中心主義の核、ジェンダー分業の変革を目指した。第3に、国家組織型資本主義の官僚的・管理者的エートスを拒否すると同時に、国家組織にフェミニスト的な価値を注入することを目指した。ただし第4に、ウエストファリアリズムについては理論のレベルで批判したとしても、実践のレベルで再び持ち出す傾向があったとしている。つまり第2波フェミニズムは、国家組織型資本主義の経済主義・男性中心主義・国家管理主義を拒否したとしても、相反的にウェストファリア的であり続けたという。

以上のように、フレイザーは、第2波フェミニズムを、限界はあるものの三つの大きな意義をもっていたと評価する。その上で、下記のような疑問を呈する。

後でわかったように、そのプロジェクトは大きくは死産に終わり、当時はよく理解されていなかったより深い歴史的力の犠牲となった。振り返ってみると、第二波フェミニズムの登場は、資本主義の性格の歴史的変化、すなわち、すでに見てきたような、国家組織型からネオリベラリズムへの変化とときを同じくしていた（Fraser 2009：107＝2011：38）。

第2波フェミニズムが生じたのは、欧米が新自由主義化を始めたとされるのと同じ1970年代である。

第二波フェミニズムとネオリベラリズムが並んで栄えたのは単に偶然だったのだろうか。それとも、そこには、あいにくの、密かな親和性があったのだろうか（Fraser 2009：108＝2011：39）。

フレイザーは前述の4点に沿って、フェミニズムとネオリベラリズムの「親和性」を考察する。それは、フェミニズムの四つの理想をネオリベラリズムが「再意味化」する過程だったと論じる。

第1に、第2波フェミニズムは経済中心主義を批判するだけではなく、文化批判を絶対化し、アイデンティティ・ポリティクスの一変種へ変化した。その変質は、同時期に登場したネオリベラリズムにより飲み込まれた。

第2に、第2波フェミニズムの男性中心主義批判は、家族賃金批判という形をとったが、ネオリベラル資本主義はそれに代えて「二人稼ぎ手家族」という標準で応えた。この新しい理想は、労働環境の悪化や生活水準の低下を伴った。フレキシブルな資本主義は、より高い意味やフェミニストからも支持されるロマンスを提供したのだ。

第3に、第2波フェミニズムは国家権力を、市民のエンパワーメントと社会的公正を実現する機関として作り変えようと展望したが、ネオリベラリズムは国家行動を削減する戦略へ利用した。フェミニストによる福祉国家のパターナリズム批判が、今や、市場化と国家の削減のために使われている。

第4に、第2波フェミニズムは公正の範囲を国民国家の外に広げようと試み、国際的な場を舞台として女性の人権のための闘いを繰り広げた。だがその試みは資本主義の新形態の行政的需要とぴったりと符合するものとなった。資本のグローバル化は国境を越えて組織化を進め、フェミニストのキャンペーンはそれと重なり合うように、運動のグローバル化に伴う中心と周縁とのギャップの増大を生み出した。

以上のように、フェミニズムが掲げ、着手した理想は、ネオリベラリズムの進展の中で変質されてしまったのである。

国家組織型資本主義の時代には疑いもなく解放的であった、経済主義・男性中心主義・国家管理主義・ウェストファリアリズムへの批判は、今や、曖昧さに満ちあふれ、資本主義の新形態の正当化需要に役立ちやすいものとなっている（Fraser 2009 : 113＝２０１１ : 45）。

フレイザーは、経済よりも文化を過剰に重視した点を重く見てフェミニズムへの内部批判を行っている。

第2波フェミニズムがコミュニケーションやメディア、表象、セクシュアリティなどの文化的領域におけるジェンダー平等にもっぱら傾注し、経済的不平等に十分取り組まなかった点が、ネオリベラリズムの進展の中で換骨奪胎されてしまった主因だと考えている。

それは言い換えれば、フェミニズムが新保守主義的な文化的価値観への批判や対抗に尽力しすぎて、ネオリベラリズムという「経済的」変化に鈍感であったということができようか。

しかし、本章はじめで紹介した「擬似理論」や世界観としてネオリベラリズムを考えたとき、よりフェミニズムにとって内在的な理由が見えてくる。フレイザーがボルタンスキーとチアペロを批判的に引用しながら論じているように、資本主義はあらゆるものを利用する。ネオリベラル資本主義は、フェミニズムの言説を利用したのである。

> まとまりのない資本主義は、女性の進出とジェンダー公正という新たなロマンスを練り上げることによって、醜いものも美しくしてしまう（Fraser 2009：110＝2011：42）。

そして、この「新たなロマンス」は通常認識されている以上に、ネオリベラリズムの展開の中で大きな意味をもっているのではないだろうか。欧米でも日本でも、第2波フェミニズムは反発もされたものの、一定の支持や共感をもって社会に迎えられた。また、ネオリベラル経済において女性の労働力は多様な形態で必要とされている。「女性の解放という夢は、資本蓄積のエンジンにくり付けられている」（Fraser

2009：110-111＝2011：42）としているように、女性たちの平等への志向意識はそのまま資本の展開に活用可能だ。資本による組み込みと女性の解放との違いに気づかれないならば。

フレイザーの議論をこのように理解すれば、ネオリベラリズムとフェミニズムの関係性の根深さが明らかだろう。二者の「共犯関係」は、女性たちの市場参加への意欲と承認への欲求、政治参加の要求が資本へ養分を提供するという形で編成されたのである。

この時点で、新自由主義と新保守主義を分かつ境界線が見えなくなってくる。保守的なジェンダー秩序を唱える新保守主義と、一見「平等」や「自由」を掲げる新自由主義が、女性への抑圧という点では同様の作用をもつ。

だが、おそらく新自由主義と新保守主義は女性の抑圧における共通性において依存しあっている。その間にフェミニズムはあり、翻弄されている。この全体を「ネオリベラル・ジェンダー秩序」として言語化し、批判的な言説や理論を創造することが必要である。

6　最後に

以上のように、フレイザーは国家統治型資本主義からネオリベラル金融資本主義へといたる変化の過程で、フェミニズムが果たした逆説的役割について大きな警鐘を鳴らしている。

興味深いのは、フーコーも、より早い時期にまた別の角度から同様の警告を発していることである。フーコーは新自由主義分析を始めた理由の一つとして、１９７０年代後半に広がっていた国家批判のテーゼへの関心を挙げている。多くの人々が「国家とその際限のない拡大、国家とその偏在、国家とその官僚主義の発達、国家とそれが含むファシズムの萌芽、国家とそのありがたい庇護の下に隠された内在的暴力」（フーコー　２００８：２３１）を問題化していることにフーコーはインフレ傾向を見出していた。そしてフーコーは、これらの批判言説は実は１９３０年から45年にかけて定式化された新自由主義の中にすでに兆候が刻まれていたという。しかし、問題は国家的なものの拡大にあるのではなく、むしろ実際に起きていることはその減退であるとフーコーは主張する。国家の拡大を問題化させるような国家の減退の過程を、歴史的構造的に新自由主義的統治性として分析しようとしたのである。

フーコーが明らかにしようとしたこの社会変化の中に第2波フェミニズムを配置することができる。フレイザーはまさに、フェミニズムが官僚制批判の潮流の中にあったことを指摘している。フーコーは、アメリカの場合、「新自由主義は、右派においても左派においても活用され、再活性化されている」（フーコー　２００８：２６８）という。そしてそのような国家批判の運動や社会意識の末に、新自由主義は支配的言説としての地位を獲得した。フーコーとフレイザーは呼応しているのである。

もちろんフーコーは国家が完全に減退されたとはいわない。新自由主義は、「市場のための社会であると同時に市場に対抗する社会」を必要とする。つまり市場化による負の諸効果に埋め合わせがもたらされる社会を望む。完全に競争にもとづいて社会全体を建設することはできないので、「政治的で道徳的な枠組み」を組織しなければならないということになる。そのとき必要になるのが国家である。

それは第一に、一つの国家を、競争状態にあるさまざまなグループおよびさまざまな企業の上に自らを維持できるものとしてもたらします。この政治的で道徳的な枠組みが、「崩壊せざる共同体」を保証し、「自然に根ざし社会に統合された」人間同士の協力を保証しなければならないのだ、というわけです（フーコー　2008：299）。

フーコーのこの新自由主義的国家分析と、ジェンダー・セクシュアリティがどのように関連するか探求することが最終的な課題となるだろう。

以上のような理論的布置を省みて、何が可能となり何が必要なのだろうか。ジェンダーとセクシュアリティを中心軸として新自由主義を考えるとき、フレイザーの社会的再生産論で提示されたケアの変化は一つの重要な主題となるだろう。続いて、ケアの配置に代表される女性に対する抑圧と、それを覆い隠すものとしてのフェミニズムの逆説的役割について問い直しが不可欠である。

本書では、以上のような視座にもとづいて、現代日本社会で見出せる「ネオリベラル・ジェンダー秩序」の内容を明らかにしていきたい。さまざまな論者が指摘しているように、新自由主義は私たちの世界認識に一体化しているため、そこから身を剥がす必要がある。なかでもジェンダーとセクシュアリティは個々の主体化の内部に関わる要素であるため、身を引き剥がすのが難しい。だが、だからこそ、少しでも何かを見出せたときの俯瞰力は広い。そのための試みとしたい。

【注】

＊1　本書で「ジェンダー秩序」とは、ジェンダーに関してその社会で主流あるいは支配的なものとして一定の広がりをもっている秩序という意味で用いる。

＊2　しかし、その後、生政治が直接の研究対象として取り上げられることはなかった。

【文献】

足立真理子（２０１５）「２０００年代以降の新自由主義・新保守主義とジェンダー主流化」『ジェンダー研究』

Bezanson, Kate and Meg Luxton (2006) *Social Reproduction*, McGill-Queen's University Press

江原由美子（１９８８）『フェミニズムと権力作用』勁草書房

フーコー、ミシェル（２００８）『生政治の誕生　コレージュ・ド・フランス講義　１９７８－79年度』慎改康之訳、筑摩書房（Michel Foucault, *Naissance de la Biopolitique*, Seuil/Gallimard, 2004）

Fraser, Nancy (1997) *Justice Interruptus: Critical Reflections on the "Postsocialist" Condition*, Routledge＝（２００３）『中断された正義――「ポスト社会主義的」条件をめぐる批判的省察』仲正昌樹監訳、御茶の水書房

―――(2009) "Feminism, Capitalism and the Cunning of History," *New Left Review* 2:56 March/April＝（２０１１）「フェミニズム、資本主義、歴史の狡猾さ」関口すみ子訳、『法学志林』第１０９巻第1号

―――(2014) "Behind Marx's Hidden Abode," *New Left Review* 86 March/April＝（２０１５）「マルクスの隠れ家の背後へ――資本主義概念の拡張のために」竹田杏子訳『大原社会問題研究所雑誌』６８３・６８４、７－20

―――(2016) "Contradictions of Capital and Care," *New Left Review* 100 July-August

ハーヴェイ、デヴィッド（２００７）『新自由主義――その歴史的展開と現在』渡辺治監訳、作品社（David Harvey, *A Brief History of Neoliberalism*, Oxford University Press, 2005）

服部茂幸（2013）『新自由主義の帰結——なぜ世界経済は停滞するのか』岩波書店
海妻径子（2010）「批判知としてのフェミニズムの課題」『唯物論研究年誌』第15号、大月書店、95－104頁
Leonard, Sarah and Fraser, Nancy, "Capitalism's Crisis of Care," *Dissent*, Fall 2006
永田瞬（2010）「労働市場改革と均等待遇」『福岡県立大学人間社会学部紀要』19巻1号
ネグリ、アントニオ／ハート、マイケル（2012）『コモンウェルス——〈帝国〉を超える革命論（上下）』水嶋一憲監訳、NHK出版（Michael Hardt and Antonio Negri, *Commonwealth*, Belknap Press, 2009）
佐藤嘉幸（2009）『新自由主義と権力——フーコーから現在性の哲学へ』人文書院
渡辺治（2007）「日本の新自由主義——ハーヴェイ『新自由主義』によせて」デヴィッド・ハーヴェイ『新自由主義——その歴史的展開と現在』渡辺治監訳、作品社

第2章　日本におけるネオリベラル・ジェンダー秩序

1　問題の所在

本章では、日本における新自由主義化をジェンダー・セクシュアリティの面から分析する試みを行いたい。それはフェミニズムの視点から見た日本の新自由主義の特徴を概観することでもある。近年の女性関連の法や施策がフェミニズムの視点からするとどのような意味をもっているのか、さらにそれが日本型ネオリベラリズムとしてどのような特徴をもっているのかを検証する試論としたい。

新自由主義と女性の関係を考える上で、固有の理論的困難がある。それは、「自由」という概念に関わるものであり、江原由美子の次の指摘に集約されている。

女性身体は、近代におけるもっとも中心的なイデオロギーの場、闘争の場となった。すなわち女性は、自らすすんで、私生活の領域に追いやられた次世代の産出と養育の役割を担わねばならない、しかもそれゆえに公的領域における不利益を被ることを正当として承認せねばならない位置におかれたのである。この女性の位置は、自由という語義と平等という語義に対する瞞着を内包するものであった（江原　1988：113）。

女性は近代社会を構築する基本的理念である「自由」と「平等」に対して矛盾する存在である。「自由」と「平等」は万人が望む理念であり、万人に対して普遍的に与えられる権利だと近代社会は説く。しかしながら次世代の産出と養育の役割は女性にのみ課せられており、しかもその再生産活動は私的領域に配置されているため、女性の「自然な情愛」によって自発的に担われるとされている。そして女性はその私的な役割を理由として公的領域で不利な立場におかれる。総じてその不利な位置は「自然な本能」による「自発的選択」の結果であると認識され、あたかも自ら「自由」と「平等」を手放したかのようにみなされる。再生産活動は社会的に不可欠で基軸的なものであると誰もがわかっているにもかかわらず。この詐術を正当化するのがジェンダーとセクシュアリティのイデオロギーである。この意味で、女性身体は「近代における最も中心的なイデオロギーの場」なのである。

さらに、古典的な意味から変質した「自由」を中心におく新自由主義において女性はどのような位置に立たされるのであろうか。日本社会で女性身体においてどのように新自由主義イデオロギーが展開されているのか、また抵抗されているのだろうか。これが本章の問題意識の出発点である。

そして、新自由主義と女性の関係性を考える上で避けて通れないのがフレイザーが提出した疑問である。

前章で示したように、フレイザーはフェミニズムと新自由主義の関係について、第2波フェミニズムがネオリベラリズムの展開に利用されたと批判している。第2波フェミニズムの主要な政治的メッセージが歪んだ形でネオリベラリズムに変形されて社会に広がったのではないかという指摘である。だがこれは、女性運動やそれを支える価値観が一定の支持や広がりを得ているアメリカ社会において成立する批判であろう。むしろ日本においては、女性運動というよりも行政や企業がフェミニズムと見紛うかのようなメッセージを発し、政策や施策を行っているように思われるため、独自の文脈として検証する必要があるだろう。

近年日本では、女性の位置をめぐって相異なる評価が乱立し、フェミニズムに対する評価も混乱している。この混乱を解消するためには、そもそも近年の社会の変化をジェンダーとセクシュアリティの観点から整理する必要がある。

本章では、以上の問題意識によって、日本において女性にとっての新自由主義化とは何なのか、法や政策を中心に探る。まず、渡辺治（2007）の議論を参考に、日本の新自由主義化とジェンダーについて概観しよう。

渡辺によれば、日本の新自由主義化は欧米各国に比べて遅れた時期に進んだ。ハーヴェイは新自由主義の世界的な始期を1978年においている。日本は冷戦終焉やグローバル化の加速が生じるまで、「企業支配＋企業主義的労働組合運動＋下請け制＋自民党による企業優位の税財政体系」などを柱として、無類の経済的競争力を誇っていたという。他の先進国のように所得の再分配と資本への厳しい規制と制約をせまられず、つまり十分に福祉国家体制をとらず、そのため新自由主義化も遅れたのである。

欧米等の福祉国家諸国は資本蓄積の危機に直面し、80年代から新自由主義を導入する。この時期日本はそのような危機に本格的に直面していなかったため、新自由主義化も進められず、90年代以降にグローバル競争が激化し、競争力を失っていって初めて新自由主義化が開始されたと渡辺は見る。

ここでジェンダーの観点から考えると、上記の特徴は企業の男性中心主義的な雇用システムと労働組合の男性正規労働者中心主義、社会保障の性分業家族単位制を意味しており、どれもジェンダーとセクシュアリティにおける男性中心性・異性愛主義にもとづいている。総じて女性の抑圧を前提にしたものである。そう考えると、日本が福祉国家体制を十分にとらなかった理由と新自由主義化が遅れた理由はともに、女性への厳しい搾取や抑圧の存在である。言い換えれば女性抑圧の上に社会経済の秩序が保たれていたため(表面上)安泰だった、ということである。しかも、日本は福祉国家化が十分行われなかったために新自由主義による負の影響も他国より大きく受けており、日本の女性の負担は相対的にも過酷なものだと考えられる。

しかし、新自由主義化は女性に対して複雑な影響を及ぼす。新自由主義のイデオロギーにおいて男性と女性は一元的に区別されない。新自由主義において男性と女性は福祉国家社会におけるように一義的な性別役割を与えられるのではなく、重なる部分を広げながらも、根本となるジェンダーによる支配は深化させた秩序によって配置される。ジェンダーの支配はより巧妙に変化するのである。

本章では、日本の新自由主義の指標となる法や政策を中心に、そのジェンダー支配の特徴を明らかにしたい。日本の新自由主義をいつから始まったとするかについて、竹信三恵子(2014)は中曽根政権時代の１９８５年に言及している。１９８５年は男女雇用機会均等法に加えて、労働者派遣法制定や第３号被保険者制度導入が行われた年である。この中曽根政権を、竹信は「『規制緩和』を旗印に公的福祉を抑制し、高所得者への課税の軽減へ舵を切って新自由主義のはしりと呼ばれた」（竹信　２０１４：20）と批判している。

他方、渡辺は新自由主義の開始を１９９０年代としているが、ジェンダーとセクシュアリティについて考えるとき、１９８５年の男女雇用機会均等法がもっている影響力は甚大である。竹信の指摘の通り、日本の新自由主義化は１９８０年代から準備されていた面を重視する必要がある。そのため本章は男女雇用機会均等法から詳しく見ていく。その後、男女共同参画社会基本法などいくつかの重要な法を経て、２０１５年の女性活躍推進法によって一つの体系が確立したと見ることができる。

本章ではそこまでの変遷を、男女雇用機会均等法と男女共同参画社会基本法および女性活躍推進法に着目して分析したい。これら三つの法は、それぞれ約15年間ほどの間隔をおいて制定されていて、それぞれの役割と機能をもっているが、それら三つを「ネオリベラル・ジェンダー秩序[*1]」として読み解くと全体として一つの秩序を構成していることが見えてくるだろう。本章ではその読解の試みを行う。

2　均等法とジェンダー

2-1　均等法とは

現在、日本社会の労働のジェンダー秩序を大きく規定しているのが均等法体制である。1985年に制定された均等法[*2]ほど評価が分かれている法律は少ない。一般に均等法は「労働の分野で男女の平等を定めたもので、これにより女性の社会進出が促された」と認知されている。だがジェンダー論と女性運動の中では均等法を「フェミニズムの敗北」として否定的に評価している。[*3]いったいなぜこのような正反対の評価が並立しているのだろうか。

均等法は、国内外からの圧力により制定された。国外の圧力とは、女性差別撤廃条約の批准である。女性差別撤廃条約は1979年に国連総会で採択されたが、日本国内で批准するためには雇用面での女性差別を禁じる法の整備が必要だった。国内の圧力とは、雇用の平等を求める女性たちの運動である。

戦後、雇用の男女平等を定めた主な法は労働基準法の一部規定のみだった。企業は通常、男女別の雇用管理を行い、募集や採用、配置、昇進にわたって男女は異なる取り扱いをされていた。女性労働者にのみ結婚・出産退職制が適用され、定年年齢にも男女差別があった。これらの差別的規定に対して裁判で違法判決が下されるようになり、さらに女性運動は「雇用平等法」の制定を求め始めた。

だが実際に実現したのは「平等」ではなく「均等」を定めた法律であり、内容も本来の意味の平等や差別禁止からはほど遠いものだった。均等法は明白な男女別雇用管理は禁止したが、表面上は男女に分けない「コース別管理」は差別とはしていない。そのため多くの企業がコース別雇用管理を採用するようになった。しかしコース別雇用管理の実態は、「基幹的業務で責任や仕事量・配置転換・転勤は多いが昇進・昇給等の待遇は良い」総合職に男性を、「補助的業務で仕事量や責任は少なく転勤・配転はないが待遇は低い」一般職に女性を配置するものである。均等法はこの実態としての男女差別までは問わない。

均等法は一般に認識されている「男女差別を是正した」どころか、「男女差別を正当化し、固定化した」法である。フェミニズムの立場から均等法を否定的に評価している上野千鶴子は、「コース別人事管理制度は女性差別を固定化」（上野 2013：54）したとしながらも、同時に「企業にとって失敗だった」（同）としている。それは企業が有能な女性を活用しなかったからだという。[*4] だが、「女性の活用」は一概に肯定できるものではない。むしろ、「活用」という発想は企業の経営管理の側からする概念である。均等法は経営者側からして有益だから現在も維持されている。この点を明確にしないと問題は見えてこない。

そして、均等法は実は「女性」の立場にとってだけでなく「男性」にとっても抑圧的効果をもっている。均等法は全体として日本における労働と生活のジェンダー秩序を確立させる基本的要素ではないかと考えられる。均等法を女性の立場からのみではなく、ジェンダーの視点から分析しなければならない。

2-2 コース別雇用の本質

前述したように、均等法により広がったコース別雇用管理は、「基幹的業務で責任や仕事量・配置転

図表1　コース別雇用導入企業割合（常用労働者数別）

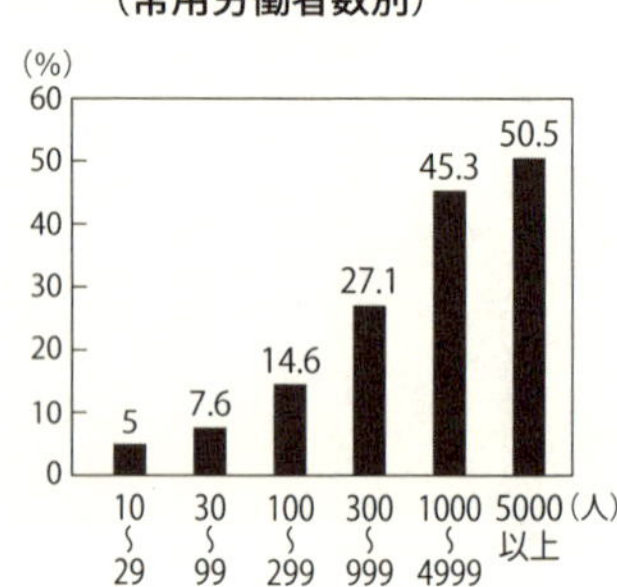

（出所）厚生労働省「雇用均等基本調査」（平成28年度）。

換・転勤は多いが昇進・昇給等の待遇は良い」総合職に男性を、「補助的業務で仕事量や責任は少なく転勤・配転はないが待遇は低い」一般職に女性を配置するものである。

平成28（2016）年度厚労省「雇用均等基本調査」[*5]によれば、コース別雇用制度を導入している企業の割合は、常用労働者数10人以上では7・2％だが、企業規模別に見ると5000人以上企業で50・5％と、企業規模が大きくなるにつれて導入率が高い（図表1）。

このコース別雇用管理は何のために存在しているのだろうか。責任が重く業務負担が多い労働者に待遇を良くし、そうでない労働者に低くする雇用管理が合理的だとしても、その全体を任意のポイントで二分化するこの制度はどのように正当化できるのだろうか。業務負担と待遇を二分化することで、それぞれの集団はブロック化する。つまり両者の間の流動性は低下し、障壁ができる。

社会に二分化された集団が存在している場合、この制度は既存の2集団へとそれぞれ割り振られるだろう。というより、均等法制定前に一般的だった男女別雇用管理と等値あるいは代用されるだろう。性別役割分業が強固な社会においては、この制度は性別役割分業と連動して意味をもつ。家庭や生活の責任を忘れ、企業での仕事に専念できる男性は総合職を、家庭責任を主として担わされる女性は一般職を選択するのは性別分業とコース別雇用のある社会では合理的な行為となる。そして逆に、このコース別雇用制度があることで、性別役割分業は合理性を獲得し、それを撤廃しようとする意識は減少していく。

コース別雇用の本質は、労働の負担や内容と待遇を二つに相対的に配置する点である。よくいわれる「基幹的か補助的か」という労働の内容や負担の大小は、本来、単純に二極化できるものではない。個別の労働によって内容や負担の大きさは多様で複雑であり、測定は簡単にはできない。複雑な現代企業での業務の内容を「基幹的か補助的か」のどちらかに配分しようとすれば必ず曖昧な部分は生じてこざるをえない。その曖昧さを不問にして、労働者を二分化する意味は、この二つの働き方を並立させることで、相互に意味づけをさせることが可能になるからだ。総合職側は、自らは一般職ではないのだから重い負担を引き受けなければならないと考え、一般職側は自らは総合職ではないのだから負担は小さい（はず）だから待遇は低くて当然であると考える。このように、両者が二分化されることで自分の労働をコントロールしづらくなり、制度が決めた働き方を受け入れざるをえなくなる。

家事・育児・介護などの家庭での労働を担っている女性は限りなく会社への献身を求められる総合職を選ぶのは困難であり、一般職と異なって過重な労働を強いられる総合職の男性は家庭での労働を引き受けられない。総合職と一般職を分ける条件の一つに、「転勤の有無」があるが、女性は自分の仕事の事情に家族が合わせてくれることは期待できないから一般職を選ぶ。女性は家庭内の労働を第一に引き受けているにもかかわらず、家族に対するイニシアチブはとれない。他方、総合職を選んだ男性は転勤を拒否できない。男女とも、自分の仕事や家庭の事情に合わせて転勤するかどうかを選択できないという点は共通している。結果として、性別分業は強化され、男女がそれぞれ仕事や家庭のバランスを個人の意思でコントロールする余地を小さくする。

男女が互いに互いを意識して自分の仕事と生活を規定する結果、労働者の分断と管理が自動的に強化される。コース別雇用は女性の昇進や昇給を阻むだけではなく、男性（総合職）への労働強化（「男だから女より仕事しろ、成果を挙げろ」という圧力）を通して男性の賃労働以外の部分の生活における比重を小さくし、したがって女性の家事責任の増大、それゆえの女性の賃労働での疎外、という結果を生む循環が成立する。コース別雇用はまさに労働者総合して男女労働者双方への労働強化と生活疎外という効果をもっている。コース別雇用は労働者の管理のための制度であり、社会のジェンダー秩序と不可分のものなのである。

それではこのコース別雇用は均等法以前に一般的であった男女別雇用管理とはどのように異なるのだろうか。まず、コース別雇用は実態としては限りなく男女別雇用に近いにもかかわらず、表面上そうではない形式をとっているため、実質的な男女差別が見えにくい点である。募集の時点で、「男性のみ」「女性枠無し」といった求人が許されていた時代と比べると、確かに差別はなくなったかのように見える。男女ともに総合職でも一般職でも応募することは可能である。[*6]だがそれは採用結果が平等であることを保証しない。2000年に労働省が「コース等で区分した雇用管理についての留意事項」を示して以後、コース間の転換制度を設置する企業が増えている。だが実績はわずかであり、ほとんどの労働者は採用時点でのコースのまま働き続ける。その実質的な性差別は男女がそれぞれ自由にコースを選択した、という形式的事実によって隠蔽される。その隠蔽は、社会的に隠されるという意味だけではなく、選択した労働者自身が自分の性別によってコースを選択したのではなく、自分の選択したライフスタイルによってコースを選択したと認識するため、労働者自身の内部でも隠される。

したがってコース別雇用は、その差別性を見抜きがたい。一見性別に関わらない形式をとりつつ、社会に支配的な性別分業と補完関係にあるため、社会全体のジェンダー秩序に気づかない限りその問題性も明らかにならない。

1985年以降男女別雇用管理から、このようなコース別雇用制度に変容したことをどのように考えたらよいだろうか。均等法はその問題性を一般的に理解されることのないまま存続している。[*7] 端的にいえば、見えやすい差別の時代から、見えにくい差別の時代へと変わったということである。この見えにくさが新自由主義時代におけるジェンダー秩序の重要な特徴だと思われる。新自由主義時代には、人びとは可視的に性別によって振り分けられるのではなく、「能力」や「志向」によって分類され、評価される。その「能力」や「志向」というものが、すでにジェンダー化されているという背景は捨象される。この不可視のジェンダー秩序が均等法によって雇用管理の面で構造化されたのである。

2-3 均等法と非正規労働の関係

均等法を考える際に次に重要な点は、非正規雇用との関係である。均等法についてはジェンダー論の一部の議論の中で批判され、非正規問題については近年マスメディアまで広がって格差問題論の中で大きく批判された。それぞれが別々に論じられ、その二つの関係性に着目されることは少ない。

だが均等法は非正規労働の問題に大きな関連がある。一般職と総合職の区別がある中では、一般職の働き方は、職務内容が相対的に責任が軽く補助的なものと定義されていて、昇進や昇級の可能性も相対的に低く設定されているため、長期間にわたって労働意欲を持続させにくい。結婚や妊娠を機会に離職し、子育てが一段落した後にパートとして再就職するのが多くの女性のライフコースである。

一部の論者が指摘するように、非正規の根源にはパートという働き方がある。主婦のパートという雇用形態が、恒常的に制度化された非正規労働の発祥である。これは「家計の責任者」ではなく、「被扶養の妻」という存在を前提にして設計された雇用で、そのために賃金が安くてもよいと考えられている。

コース別雇用がそもそも長期勤続を前提とした制度であるように、日本の雇用スタイルは基本的に新卒一斉採用で正社員の大部分を確保する。中途で離職した者が正社員に復帰するのは容易ではない。だがそのうち一般職のほうは早期離職を想定されている。現在でも多くの女性たちが結婚・出産を機に退職する。離職した女性たちの次の雇用の受け皿となるのがパートをはじめとした非正規雇用である。企業は、若年期に正社員として能力を身につけた女性労働者たちを、次にはパート等非正規雇用の形で安価に使うことができる。企業にとって利益の大きい制度である。

もしコース別雇用がなく、男女労働者の雇用の境界が曖昧であれば、女性の離職率は現状より下がるだろう。またコース別雇用制度がなく、企業全体の転職率も上がれば、女性が正社員として再就職する割合も上昇し、その結果、女性の再就職はパートという社会の暗黙のルールが消滅し、非正規雇用の待遇を上げざるをえなくなるかもしれない。コース別雇用がなければ正規と非正規の格差とそのジェンダー構造は、これほどまで強固にはならなかったのではないか。

図表2　雇用形態別に見た役員を除く雇用者の構成割合の推移（男女別）

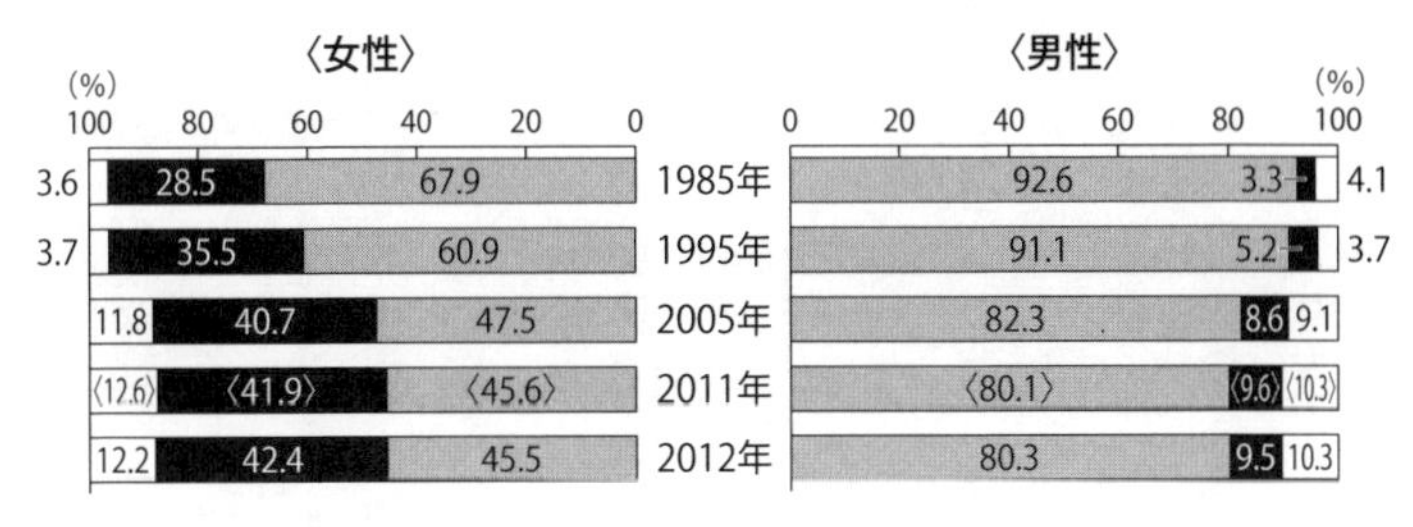

■正規の職員・従業員　■パート・アルバイト
□その他（労働者派遣事業所の派遣社員，契約社員，嘱託，その他）

（備考）1．昭和60（1985）年と平成7（1995）年は，総務庁「労働力調査特別調査」（各年2月）より，17（2005）年以降は総務省「労働力調査（詳細集計）」（年平均）より作成。「労働力調査特別調査」と「労働力調査（詳細集計）」とでは，調査方法，調査月等が相違することから，時系列比較には注意を要する。

2．平成23（2011）年の〈　〉内の割合は，岩手県，宮城県及び福島県について総務省が補完的に推計した値を用いている。

（出所）『男女共同参画白書　平成25年版』（http://www.gender.go.jp/about_danjo/whitepaper/h25/zentai/html/zuhyo/zuhyo01-02-08.html）より。

２０００年代に、非正規労働者の割合が増えたということで、非正規と正規の格差が問題化された。その際に多く取り上げられたのが、「非正規であるために結婚もできない」若年男性労働者の姿である。だが、図表2を見ればわかるように、確かに男性は１９９５年から２００５年の間に非正規割合が増加しているが、女性のほうはそれ以前の１９８５年から増大し、２００５年以降漸増を続けている。男女で異なる労働の不安定化が進行しても、男性のほうのみ問題視されがちなのは、女性が非正規であっても問題ではないとみなされ、自然化されているからである。しかしこの自然化された女性非正規の存在が、非正規労働の待遇の低さを維持し、格差を生んでいることには気づかれにくい。

　日本の労働者の非正規の割合は戦後増加の一途をたどっている。渋谷龍一（２０１６）が指摘しているように、非正規雇用の待遇が悪いままであるのは、それが女性差別を組み込んで、あるいはジェンダー秩序にもとづいて設計されているからである。新自由主義社会の主要な特徴として一般にも認識されているのが非正規雇用の増加であることは言を俟たない。だがそれがジェンダーと深く関連していることは意識されにくい。

均等法によるコース別雇用と非正規の問題とをつなぐのはジェンダー秩序である。1985年以降、コース別雇用と非正規の体制が労働と生活のジェンダー秩序の根本をなしている。しかしそれは不可視化されている。この時点を日本型新自由主義の不可視化された導入の始まりと見ることができる。

3 男女共同参画社会基本法の意味

3-1 行政によるジェンダー秩序としての基本法

均等法制定後、バブル経済の行方とともに社会は大きく変化した。80年代は「女の時代」ともいわれ、90年代にはジェンダー論が大学で科目や専攻分野として誕生した。その中で「セクハラ」や「DV」等の概念も普及し、ジェンダーとセクシュアリティをめぐって社会意識は大きく変化した。

男女共同参画社会基本法は1999年に制定されたが、1990年代にわたって政府レベルで準備が行われていた。[*8]「男女共同参画」という概念は、制定前からわかりにくさが指摘されていたが、この法は、第2条の1で「男女共同参画社会の形成」について次のように定義している。

男女が、社会の対等な構成員として、自らの意思によって社会のあらゆる分野における活動に参画する機会が確保され、もって男女が均等に政治的、経済的、社会的及び文化的利益を享受することができ、かつ、共に責任を担うべき社会を形成することをいう。

この法律は、基本法として「国や地方公共団体の施策の指針を示す法律」(浅倉・戒能・若尾 2004：385)である。この定義にもとづいて「男女共同参画」政策が行われることとなったが、そもそもの「男女共同参画」の言葉がこの法と政策のために作られたものであり、それまでの日本社会に定着していたものではなかった。

この法律は、それ以前の数十年あるいはそれ以上にわたって続けられてきた女性運動の集大成として位置づけられる。均等法とも大きな関連性のある女性差別撤廃条約や、それも含めた国連の女性会議や関連する諸条約、またそのような国際的な動きと連動した国内各地の女性運動の成果をより体系的に国政レベルで確立するという役割をもっていた。

だが女性あるいはジェンダーやセクシュアリティをめぐっては、運動と学問の世界でそもそもの根本的概念のレベルから進展が目まぐるしく、とくに「ジェンダー」という用語は1990年代に広がった新しい言葉であり解釈も多様である。

このような中で法律の基本概念として女性運動や関連団体の多くが共有できる言葉としては「男女平等」あるいは「女性差別禁止」がありえた。しかしこれらの言葉は90年代の準備段階ですでに断念されており、代わって生み出されたのが「男女共同参画」だった。

この新しい「男女共同参画」という言葉に対しては、当初から女性運動から批判が寄せられた。たとえば野党や女性団体は「平等参画」にすべきだと要望したが、男女共同参画審議会答申は「共同参画」は「男女平等の実現を当然の前提とした社会」であり、それよりむしろ「質的に高い水準での男女平等を目指す」概念だと説明した(浅倉・戒能・若尾 2004:384)。

このように考え方のレベルで当初から混乱が見られ曖昧さを特色とする基本法だが、実際の施策内容は幅広い。政治分野のポジティブ・アクションや暴力、雇用、教育、子育て、健康、メディア等社会生活のあらゆる側面が対象とされ、事業規模も大きい。

だがこの法律は実際の事業内容というよりも、法律の考え方をめぐって争いが激しく展開した。法律の制定前後には学校の性教育をめぐって政治家が国会のみならずマスメディア上で抗議キャンペーンを繰り返す動きがあり、この法は関連するバッシングの中で大きな攻撃対象とされた。とくに法制定に合わせて全国の自治体が男女共同参画に関する条例を制定したため、反対派の運動が各地で生じた。反対運動は、行政が用いた「ジェンダーフリー」という用語を一つの攻撃対象とし、ジェンダー論の研究者も含めて激しい攻防が展開された(上野ほか 2006)。

このように激しく争われたのは、基本法が性別あるいはジェンダーについて行政の考え方や認識を表明するものだからである。均等法が企業におけるジェンダーの秩序を規定するものだったのに対して、基本法は、国や行政がジェンダーについてどのように認識し、どのように行動すべきか定めるものである。そのため、語句の定義や認識の内容をめぐってさまざまな立場からの反発や批判を呼んだのである。そのこと自体が、性別やジェンダーについて現在の日本社会で相当異なる認識が多数存在していることを現している。

3-2 基本法のジェンダー認識

それでは、基本法のジェンダー認識を理解するために、ジェンダー論やフェミニズムにおいての解釈を見てみたい。均等法はジェンダー論においておおむね批判的に扱われるのに対して、基本法は評価が一様でない。男女共同参画に関するジェンダー論の議論は、基本法そのものよりも制定直後から隆盛したバックラッシュに関するものが多い。

そのような中で牟田和恵(2003)は、フェミニストはフェミニズムの長年の運動の成果である基本法を支持すべきであると論じている。だが同時に基本法とその運用には問題点も潜んでいるとして、「現在のジェンダー秩序を前提としたヘテロセクシズムの温存を図るものではないかという危惧」(牟田 2003:124)を感じると批判する。具体的には基本法は「男女が結婚し共に働きともに子育てをする、そのための政策であり法であるような印象」(牟田 2003:124)があるとする。各地の条例等に見られる「男女が共に対等なパートナーとして社会に参画する」という表現も、差別禁止からのすりかえであり、男女共同参画を家庭などの私的な領域に押し込める傾向につながっていると指摘する。

それに対して上野は、男女共同参画はフェミニズムではないと明確に批判している。上野によれば、ネオリベラリズムはジェンダー平等政策を推進するという。

> それまで「女だから」という理由で差別されていた女性にとっては、ネオリベは選択肢を増やすというチャンスをもたらしました（上野　２０１３：２０２）。

ネオリベラリズムは「女性に働いてほしい」から男女共同参画を進めたが、ネオリベラリズムとフェミニズムは「同床異夢」の関係にあり、最終的に女性の状況はフェミニズムが望んだものとは異なるものになったという。

さらに、フェミニズムはネオリベラリズムと複雑な関係にある一方で、ナショナリズムとは対立関係にあるとする。

> ネオリベ／男女共同参画／ナショナリズムの三題噺のうち、ネオリベとナショナリズム、ネオリベと男女共同参画とはそれぞれ親和性があるのに、ナショナリズムと男女共同参画とはきわめて相性が悪い関係（上野　２０１３：25）。

このため、基本法の成立後、ナショナリズム側からの猛烈なバックラッシュが起きたと論じる。

牟田と上野は、フェミニズムからする男女共同参画の評価において異なっている。逆にいえば、男女共同参画はフェミニズム内でも評価が大きく分かれるような曖昧さをもっている。[*9]さらにこの曖昧さは、ナショナリズムと男女共同参画の関係を精査するとより多義性をもって見えてくる。

クレア・マリィはバックラッシュ派の言説を分析する中で、以下のように指摘している。

「ジェンダー・フリー・バッシング」言説における「男女共同参画」への言及は概ね失敗に終わるはずがないのだ。なぜなら、言及する「男女共同参画社会基本法」では、「男」「女」が協力し合って「家庭」や「国」を支え合うための図式が出来上がっているからである（マリィ 2007：36－37）。

マリィによれば、基本法は男女共同参画基本社会の基本的単位として「家族を構成する男女」を位置づけ、それ以外のありようを排除している。この発想はバックラッシュ派と共有されている。つまり確かに上野の論のように、男女共同参画とナショナリズムはおおむね対立するものの、「家庭や国家を支える異性愛主義」というおおもとの基盤においては共通しているのである。

ここで、「男女が共同参画社会を形成する」という発想と「差別を禁止する」という姿勢の違いを見極めよう。私たちの日常生活や社会生活に浸透している差別的な慣習や制度や意識を見抜き是正していくのではなく、「男女が共同に参画する社会」を作るというとき、私たちはその社会に強制力をもって「参画」させられる不安を感じないだろうか。「社会」とは、そのようにあえて意識して法によって「作る」対象なのだろうか？　私たちはすでに生きて、日常生活を営み、さまざまに社会関係の中に巻き込まれ、また作り出しながら暮らしている。だからこそその中に潜む差別に苦しみ、平等を求めるのである。法が必要であるとすれば、あくまでこの現実の中に切り込むものでなければならないのではないか。法によって何らかの社会を形成するという発想がありえたとしても、それはたとえば「平等な社会」を形成するというように、より根本的で共有可能な理念を示すものであって、「参画」することそのものを目標とする発想はそこから少しずらされている。

基本法に関する危惧は、次のフーコーの言葉を見ればより明瞭になる。

> 国家は普遍的なものではありません。国家はそれ自体、権力の自律的な源泉ではありません。国家、それは、不断の国家化ないし不断の数々の国家化によってもたらされる効果であり、その外形であり、その動的な切り抜きに他なりません。（略）国家、それは、多種多様な統治性の体制によってもたらされる動的効果に他ならないのです（フーコー　2008：94）。

基本法が肯定されるときに見逃されるのは、ここでフーコーが指摘している国家化への動員の危険である。「財政緊縮」が叫ばれ「少子高齢化による国家滅亡の危機」へ警鐘を鳴らそうとする言説が主流化している社会状況と男女共同参画は無縁ではありえず、むしろその言説の奔流を支えとしている。その意味でも、バックラッシュ派の言説と男女共同参画基本法の共通性がある。

そしてその上でバックラッシュ派がもとづくナショナリズムとネオリベラリズムが異なるのは、国家と家庭を支えるときの男女の役割分担である。ナショナリズムはその多くが男性を会社などの公的領域、女性を家庭などの私的領域に割り振る古典的な性別役割分業を基調とするが、ネオリベラリズムはそうではない。ネオリベラリズムの場合、社会の実態の次元とは別に、主張内容としては性別によらない能力主義を打ち出すため、性別役割分業を強制はしない。その代わりに基本法で打ち出されたのが「男女のパートナーシップ」である。この「パートナーシップ」とは具体的には男女がともに稼ぎ手となる家庭モデルである。しかし男女格差は是正されないために、平等は達成されないままである。そのため、できあがるのが「男性=稼ぎ手、女性=稼ぎ手+家事」の新しい性別役割分業モデルである。

つまり、男女共同参画はバックラッシュ的なナショナリズムの前提を共有しつつ、ネオリベラリズムの「二人稼ぎ手」モデルを打ち出している。

以上のように、フェミニズムの視点から考えるとき男女共同参画は行政によるジェンダー認識以外の何物でもないのだから、フェミニズムがそれと同一化できるものではないだろう。そのことを踏まえた上で、その内容をどう批判するかが問われるが、第1に、「男女が協力して家庭や国家を支える」という発想については、ナショナリズムやネオリベラリズムが共通してもつ前提であることを意識する必要がある。だが第2に、「共同に参画する」という表現の積極的な意味合いをどのように評価できるだろうか。多くの問題を抱えていることに気づきながらも、女性運動に関わる者たちの多くが、基本法を積極的に活かしていこうとしている面も無視できない。家父長制的意識や慣行が支配的な場面で、法律によって平等の正当性を主張できる意義は大きい。

そうであれば、この法律がどれだけ社会生活のさまざまな場面で「平等」を実質的に築く影響力を発揮しているかが問題になる。だが、近年の動向を見わたすと、２０１５年12月、最高裁は夫婦同姓を定める民法の規定は違憲かどうか争った裁判で、合憲とする判決を出した。配偶者控除や年金制度がサラリーマン男性と専業主婦による家庭を優遇する設計になっている問題についても長年批判されながら、改善されていない。

そしてそもそも、平等の実現というよりも「男女のパートナーシップ」を推奨する基本法の発想は、フレイザーの社会的再生産論における新自由主義下の「二人稼ぎ手モデル」を、日本の文脈で見事に体現している。基本法はそれ以前の「男性が稼ぎ、女性が家事」という性別役割分業に代えて、「男女ともに稼ぎ、女性は家事も」という性別役割分業を正当化している。そこでは女性が賃労働に従事し、男性も家事を行うことが推奨されるが、均等法で確立されている賃労働のジェンダー秩序は変えられないため、男女が平等に賃労働を担うことはないし、したがって家事の主要な担い手も女性のままである。

その上で基本法は、二人稼ぎ手モデルという経済的な意味合いの強い規範を、法律という形で推奨している点が重要である。フーコーは市場の原理が国家を形成するものとして新自由主義を把握した。基本法は、国家が、「二人稼ぎ手モデル」という新自由主義に特有の規範を社会の望ましいあり方として打ち出している。その意味で、基本法は、国家による「ネオリベラル・ジェンダー秩序」の重要な一翼を形成している。

4　女性活躍推進法

次に検討するのが女性活躍推進法である。女性活躍推進法は、「女性活躍」という概念を基軸に、ネオリベラル・ジェンダー秩序を確立する機能をもっていると本論は考えている。

4−1　女性活躍推進法の本質

2001年小泉政権成立以降、政府による女性関連施策が社会的注目を浴びながら実施されるようになる。

2002年に男女共同参画会議における小泉首相の指示により「女性のチャレンジ支援策」が開始され、「構造改革」に不可欠なものとして位置づけられた。この支援策は、「子育て等でいったん就業を中断した女性の再就業等を支援する」ものとして行われた。さらに第1次安倍政権（2006−2007）では、「再チャレンジ支援総合プラン」として、フリーターや子育てで長期離職したりDVを受けた女性、シングルマザー、事業失敗者、障害者など多岐にわたる対象が位置づけられた。民主党に政権が代わると、2010年6月「新成長戦略」に女性の就業率向上の数値目標が盛り込まれることとなる。2012年6月、民主党野田政権下では、「女性の活躍による経済活性化を推進する関係閣僚会議」が「女性の活躍促進による経済活性化行動計画　働く『なでしこ』大作戦」を策定している。

2012年12月から始まる第2次安倍政権下では、アベノミクスの成長戦略の柱に「女性が輝く社会」が位置づけられ、より目立つ形で展開される。[*10] 2013年6月の「日本再興戦略」に女性の就業率向上数値目標が設定され、2014年6月に発表された成長戦略（改訂版）に「女性の活躍推進」が盛り込まれた。その政策目標は、2020年までに（1）女性の就業率（25～44歳）を73％（2012年は68％）に引き上げる、（2）企業などで指導的地位に占める女性の割合を30％程度にするというものだ。

このような政策の総仕上げとして2015年に制定されたのが、「女性活躍推進法[*11]」である。同法の目的は以下である。

第一条　この法律は、近年、自らの意思によって職業生活を営み、又は営もうとする女性がその個性と能力を十分に発揮して職業生活において活躍すること（以下「女性の職業生活における活躍」という。）が一層重要となっていることに鑑み、男女共同参画社会基本法（平成十一年法律第七十八号）の基本理念にのっとり、女性の職業生活における活躍の推進について、その基本原則を定め、並びに国、地方公共団体及び事業主の責務を明らかにするとともに、基本方針及び事業主の行動計画の策定、女性の職業生活における活躍を推進するための支援措置等について定めることにより、女性の職業生活における活躍を迅速かつ重点的に推進し、もって男女の人権が尊重され、かつ、急速な少子高齢化の進展、国民の需要の多様化その他の社会経済情勢の変化に対応できる豊かで活力ある社会を実現することを目的とする。

つまり、この法律は、「職業生活における女性の活躍」のために国や自治体、企業がなすべき責務と取り組みを定め、それによって人権尊重と社会経済情勢の変化に対応できるようにすることを目指すということである。この考え方に従って、国と自治体、一定規模以上の企業は、女性活躍推進のための取り組みを義務づけられた。具体的には、自社の状況把握や数値目標等を盛り込んだ行動計画の届け出・公表等である。さらに、優良な取り組みと認められた企業は、厚生労働大臣の認定を受けることができる。

以上のように、「女性活躍」に向けて企業と行政の行動を水路づけることがこの法の特徴である。

この法と施策を考える上でまず問題となるのが「女性活躍」という概念である。女性活躍推進法について、「女性を活躍させるはずなのに」その施策や効果が十分ではないという批判がある。均等法と比べ、運動やメディア上で法の理念に肯定的な反応が多いように見受けられる。だがまずは、「女性活躍」という法の理念のレベルから検討する必要がある。その上で、矛盾ではなく、一定の論理的一貫性をもった政策として考えたい。

「活躍」という言葉は安倍政権において「一億総活躍社会」という政策理念もあるように重要なキーワードである。「女性活躍」についてこの施策の実体を見ると、企業で長く働くことや管理職等に昇進すること、あるいは「女性の感性」を生かして商品開発等によって利益を上げることなどを意味していることがわかる。基本的に企業での女性の活動が「活躍」と暗黙に想定されている。しかし、そのような女性のあり方を女性のすべてが望んでいるわけではないし、そのようなあり方が社会的に絶対的に正しいわけでもない。そのため、この法律では冒頭で「自らの意思によって職業生活を営み、又は営もうとする女性」

と限定している。そのような社会的経済的成功を望む女性に対してのみ法によって社会全体で支援しようとしている。

すべての社会構成員は社会的成功を望んでいると仮定して、男女格差のある中では女性の社会的成功を法によって推進する必要があるとこの法は考えているのだろうか。だがそうであれば、女性の働き方を制限しているコース別雇用を生んだ均等法は少なくとも廃止すべきだろう。均等法をそのままに制定された女性活躍推進法が対象としているのは、正社員で働く女性である。しかし女性労働者の過半数は非正規雇用である。

女性を前面に掲げながら実のところ一部の高い地位の女性のみしか考慮していない点にこの法の矛盾含みの性格があるが、また別の意味で女性を前面に掲げる点は新しさをもっている。均等法はあくまで「男女の均衡」を定める法律であり、男女共同参画社会基本法も「男女」両方の参画を目指すものである。つまりこれまで「女性」のみを掲げることには抑制が働いていた。女性活躍推進法はその抑制を取り払って、高らかに「女性の活躍」を掲げている。これは、多様性（ダイバーシティ）を謳う新自由主義的発想からこの法律が生まれたことを示している。

企業が義務づけられたのは、平等のための取り組みというより、あくまで「女性活躍」のための施策である。その結果、「女性の活躍」は女性労働者個人が望む社会的成功の次元を超えて、企業の目標であり義務であるとされる。女性労働者の働き方は、ますます個人のコントロールを超える意味づけをされる。

三浦まりは女性活躍を含む「女性就労支援政策は３つの目的——成長戦略、少子化対策、社会保障費抑制――を担わされているものであり、これらの目的は相互に矛盾する」（三浦　２０１５：54）としている。その指摘通り、さまざまな社会の困難を、女性をより働かせることで解決しようとするのは、非現実的である。だがこの法と施策は、まさにその非現実的な発想に立っている。

日本社会が抱えるさまざまな社会的困難を、女性の労働強化とその価値づけによって解決できるとみなす。そうすれば、女性はますます負担の増加に追いやられるが、その努力は「国家的課題の解決」といった意味づけをされるため、負担を負担とは認識しにくくなる。しかも女性間の格差が拡大している中では、上層の女性の努力は下層の女性の地位をも引き上げるという「トリクル・ダウン論」の影響により、ますます追いこまれるだろう。

問題は「女性活躍」が達成されないことではない。女性活躍が、平等や権利としてではなく、あくまで国の経済活性化のための手段として位置づけられていることから、そもそもの問題が生じている。そして女性活躍政策によってジェンダーをめぐる実態が覆い隠され、女性を男性並みに資本が利用することがジェンダー平等であるかのようにイメージ操作されている。これこそがネオリベラリズムのジェンダー・イデオロギーである。

女性活躍推進法は、男女雇用機会均等法以来の男性労働を基軸として女性労働を序列化・細分化する雇用システムの維持再編版として考えられなければならない。そして、女性活躍推進法は女性労働のネオリベラリズム秩序への組み込みを確立させた。ここで注意したいのは、この法が、雇用だけではなく「女性」のライフスタイルや主体のあり方にまで踏み込む危険性をもっていることである。というのは、この法で企業や自治体・国によって傾注されている対象は、「職業生活において活躍を望む女性」である。もちろんこの法が、すべての女性に「活躍」を望むよう強制しているわけではない。だが、法や政策によって一定の「活躍」の内容やそれを望む女性像を立ち上げることで、そのようなあり方を望ましい女性像とみなす視線が社会的に生じることは避けられないだろう。

フーコーは、新自由主義の重要な特質の一つとして、これまでの自由主義的な交換主体から、企業家としての主体へと変容することを指摘した（フーコー　２００８：２７８）。これまでの自由主義においては、主体は必要性から商品や労働力を交換するものと考えられ、その主体のあり方が「ホモ・エコノミクス」として基本とされていた。新自由主義における「ホモ・エコノミクス」は、「企業家であり、自分自身の企業家」（フーコー　２００８：２７８）に変質する。もはや古典的な「労働者」は存在せず、主体はみな自分自身の労働力を資本として投資する企業家になる。賃金とはこの人的資本に対して割り当てられた所得である。したがって主体は自らの企業である身体を経営管理し、そのリスクを背負わなければならない。

女性活躍推進法に見られる女性のあり方は、この企業家主体に似ている。ここでの女性は、生活のために労働し、その対価を得るというよりは、自らの資本の価値を高め、企業と一体となって利益の増加に努め、その中で自らのポジションの向上を目指す。女性という立場も企業の利益を高めるための資本とみなされ、働く側と企業が限りなく一体化する。女性活躍の法と政策は、新自由主義的な主体を体現している。

4-2　人的資本とジェンダー・セクシュアリティ

そしてフーコーの企業家主体論は、人的資本論に続いている。新自由主義は人的資本を構成する「遺伝学的装備」に着目し、各人の遺伝学的装備を最良のものに高める方法として結婚や出産、子育てを見出す。

つまり、十分に労働し、十分な所得と社会的地位を得ることによって、やはり大きな資本を持っている相手を配偶者あるいは未来の人的資本の共同生産者として手に入れなければならない、ということです。(略)そして、一つの社会が人的資本一般の改良という問題を自らに対して提起するやいなや、個々人の人的資本の管理、選り分け、改良が、もちろん結婚やそこから生じる出産に応じて、問題となったり、要請されたりせざるをえません(フーコー　2008:281)。

結婚や出産・子育てなど従来私的とされていた行為が、新自由主義によって新たに「私的」な意味をもち始める。公的な権力から守られるべき私的領域という意味ではなく、各人が「自由」にその利害関心に応じて戦略を練り、所得向上の手段とみなすという意味で。

日本社会で2000年代後半より流行し、現在では行政までが関与して隆盛している「婚活」は、この新しい変化を代表するものであり、フーコーの人的資本論を実践している。婚活の流行と並走するように、国家レベルで人的資本を増加向上させようとする政策が続いている。

2003年には、女性団体等の批判を押し切って、「少子化社会対策基本法」が制定された。前文にこの法の考え方が述べられている。

もとより、結婚や出産は個人の決定に基づくものではあるが、こうした事態に直面して、家庭や子育てに夢を持ち、かつ、次代の社会を担う子どもを安心して生み、育てることができる環境を整備し、子どもがひとしく心身ともに健やかに育ち、子どもを生み、育てる者が真に誇りと喜びを感じることのできる社会を実現し、少子化の進展に歯止めをかけることが、今、我らに、強く求められている。生命を尊び、豊かで安心して暮らすことのできる社会の実現に向け、新たな一歩を踏み出すことは、我らに課せられている喫緊の課題である。

5 展望

現在の日本社会では「少子化」という認識によってさまざまな政治的圧力の発動が許容されている。その中でも懸念されるのは女性への影響である。人口の量と質の管理をしようとするときに標的とされるのは女性の身体である。たとえば2013年には第2次安倍政権の内閣少子化危機突破タスクフォース（第2期）が、女性手帳（「生命（いのち）と女性の手帳」）の配布を計画したが批判を浴びて中止している。これらの動きは、女性に妊娠・出産の「知識」を学習させ、早いうちから出産に導こうとする考えにもとづいている。*12 国家による人口・生殖の管理として戦前の「産めよ増やせよ」政策の復古と捉えられることが多いが、その連続性と、新自由主義による非連続性の両面から理解する必要がある。

ここまで三つの法に見られる新自由主義の日本社会における現れについてネオリベラル・ジェンダー秩序の観点から考察してきた。

均等法は、生物学的本質主義というより社会的な役割分業にもとづく性別二元論に立つ、男女の「均等」を掲げた。均等と平等は異なる。「均等」は、男女がその役割に応じて、雇用管理を受けてよいとする概念である。冒頭の江原の指摘にあったように近代社会は公的領域と私的領域に男女を分類配置する性格をもつ。だからこそそれを法などの社会的規制によって是正する努力が必要になるのだが、日本では法が逆にその不平等性を正当として承認し推進している。

次に男女共同参画基本法は、男女二元論を前提に国家に向けて「参画」するという目標を設定した。そのことが望ましい社会のあり方だという認識を打ち出した。これによって「二人稼ぎ手」の新自由主義的な社会的再生産は法的な支持を得た。

さらに女性活躍推進法によってそれらの国家を中心とした男女二元論に立って邁進する女性のあり方がモデルとして掲げられた。それは企業と一体化する女性であり、かつ人的資本の再生産も強力に期待されている。

これらの主要な法によって日本社会における「ネオリベラル・ジェンダー秩序」が形成されている。

新自由主義を「さまざまな規制を廃して市場の自由に委ねる思想や実践」と考えると、新自由主義によって女性差別的な規制や習慣・伝統が廃され、能力のある女性は自然に市場原理によって上昇し、男女平等が実現されると想定される。しかし実際に起きているのは、さまざまな差別的な規制や構造はそのまま放置あるいは悪化させられ、一方で一定の条件下の女性のみ「活躍」させられるという変化である。すなわち日本のジェンダーとセクシュアリティの差別構造は法的に形成・維持されており、新自由主義によってより複雑に巧妙に強化されているということである。つまり改めていえば、日本において、新自由主義は性における平等を目指す思想や運動と親和性はない。[*13]

にもかかわらず新自由主義をフェミニズムに親和的なものと感知させようとする言説が後を絶たない。とくに、評価を難しくするのがトリクル・ダウン理論である。トリクル・ダウン理論が女性にあてはめられる場合、「エリート女性の成功は女性全体の底上げを導く」というイメージが語られる。しかし、「女性全体の底上げ」といったとき、底上げされた女性の下に何が位置づけられるのだろうか。一部の男性だろうか、それともそれ以外の何かだろうか。何であれ、誰かの上に女性が立つことを肯定的に評価すべきなのだろうか。

フーコーは、新自由主義において「社会が引き起こす可能性のある反競争的メカニズム」(フーコー 2008：198)は解消させられると論じている。したがって、新自由主義的統治にとって社会的連帯を構想するフェミニズムは消去しなければならないものとされる。代わりに浮上するのが競争を是とするポストフェミニズム的な言説であろう。

だが、たとえば「女性と貧困ネットワーク[*14]」グループが「『女性の人生は、ひとりでは安心できないのがあたりまえ』にNOという女性たちのネットワーク」と名乗っているように、「女性の貧困」は単なる収入の低さや労働環境の悪さのみを意味するものではない。フェミニズムは、女性の経済力や社会的地位が単純に「誰か」より上昇するという競争原理とは別次元に目標をおいている。競争ではなく社会システム全体の変革を求めるものとしてのフェミニズムは、ネオリベラル・ジェンダー秩序からはみ出す部分に存在するのである。

【注】

＊1　ジェンダー秩序については江原（2001）参照。
＊2　正式名称は「雇用の分野における男女の均等な機会及び待遇の確保等に関する法律」。
＊3　上野（2017）参照。
＊4　上野（2013）はサンドバーグ（2013）を参照しているが、サンドバーグの「リーン・イン・フェミニズム」はフレイザーらの批判する「ネオリベラル・フェミニズム」の代表例である。
＊5　厚生労働省HPより (http://www.mhlw.go.jp/toukei/list/71-28r.html)。
＊6　ただし、一般職の女性のみ募集が禁止されたのは2006年の改正以降である。
＊7　近年では一般職の募集を減らし、非正規労働者に代替する傾向が進んでいるが、にもかかわらず均等法が廃止される気配は見られない。
＊8　1994年に総理府に男女共同参画室が設置され、内閣総理大臣の諮問機関として男女共同参画審議会が設置された。この審議会で法制定に向けて検討された。
＊9　ほかに、内藤和美（2015）は、「目的ではなく手段としての男女共同参画」として批判的に論じている。
＊10　2013年9月の国連総会演説で安倍首相がウーマノミクスという言葉を用いて後、政府の女性政策は「ウーマノミクス」という名称で宣伝された。ウーマノミクスは、ゴールドマン・サックスのキャシー松井

が提案した言葉である。

＊11　正式名称は「女性の職業生活における活躍の推進に関する法律」。

＊12　西山・柘植編（2017）に詳しい。

＊13　新自由主義がジェンダー平等を含むという解釈は、日本社会の欧米に対する特殊性と関係している。戦後ジェンダー平等指数が向上した欧米諸国と比べ日本の変化の遅れが、「本来は新自由主義はジェンダー平等を促進するのに、日本のみで遅れている」という日本の特殊論を生みやすく、それが新自由主義への批判的意識を阻みがちである。しかしこれは、新自由主義と植民地の関係を含めて考えれば解明される。日本は「遅れてきた先進国」であり、その意味で欧米より植民地に近い位置にある。そのため植民地主義的意識により「欧米化」することでジェンダー平等は達成できるという幻想が生まれる。だが新自由主義は植民地を必要とする制度であり、宗主国と植民地の権力関係がなくなることはない。この点については別稿を期したい。

＊14　2008年結成。現在は活動休止中。

【文献】

浅倉むつ子・戒能民江・若尾典子（2004）『フェミニズム法学――生活と法の新しい関係』明石書店
江原由美子（1988）『フェミニズムと権力作用』勁草書房
――――（2001）『ジェンダー秩序』勁草書房
フーコー、ミシェル（2008）『生政治の誕生　コレージュ・ド・フランス講義　1978－79年度』慎改康之訳、筑摩書房（Michel Foucault, *Naissance de la Biopolitique*, Seuil/Gallimard, 2004）
マリィ、クレア（2007）「バックラッシュにおけるさまざまなフォビアの解読」日本女性学会『女性学』15号、新水社三浦まり（2015）「新自由主義的母性――「女性の活躍」政策の矛盾」お茶の水女子大学ジェンダー研究センター『ジェンダー研究』18号、53－68頁
牟田和恵（2003）「男女共同参画時代の〈女帝〉論とフェミニズム」『現代思想』第31巻第1号
内藤和美（2015）「立教大学ジェンダーフォーラム2015年度公開講演会　あらためて『男女共同参画社会形成』、『女性の活躍促進』を問う」『立教大学ジェンダーフォーラム年報』17号
西山千恵子・柘植あづみ編（2017）『文科省／高校「妊活」教材の嘘』論創社
サンドバーグ、シェリル（2013）『リーン・イン――女性、仕事、リーダーへの意欲』日本経済新聞社
渋谷龍一（2016）『女性活躍「不可能」社会ニッポン――原点は「丸子警報器主婦パート事件」にあった！』旬報社
竹信三恵子（2014）「何が女性を生きづらくさせているのか」『月刊　自治研』vol.56no.657
上野千鶴子（2013）『女たちのサバイバル作戦』文藝春秋
――（2017）「ネオリベラリズムとジェンダー」『ジェンダー研究』第20号
上野千鶴子・宮台真司・斉藤環・小谷真理（2006）『バックラッシュ！――なぜジェンダーフリーは叩かれたのか？』双風舎
渡辺治（2007）「日本の新自由主義――ハーヴェイ『新自由主義』によせて」デヴィッド・ハーヴェイ『新自由主義――その歴史的展開と現在』渡辺治監訳、作品社

第３章　ポストフェミニズムと日本社会
──「女子力」・婚活・男女共同参画

1　問題の所在

本章では、ポストフェミニズムの議論を取り上げる。ポストフェミニズム論は、フェミニズムの立場から現代の文化社会状況を批判的に考察するものである。

フレイザーをはじめネオリベラリズムが分析される際、金融や開発、あるいは社会政策や福祉等制度面が問題とされることが多い。だが、ジェンダーやセクシュアリティについて考えるためには、意識や文化等の非制度的な領域について検討することも必要である。その意味で、ポストフェミニズム論は重要な示唆を与えてくれる。

ラディカル・フェミニズムやマルクス主義フェミニズムなどのいわゆる第２波フェミニズムの隆盛を経由して、２０１０年代の現在、日本社会においてジェンダーやセクシュアリティは、複雑な様相を呈している。「フェミニズム的」ともいえるかのような性についてのリベラルな価値観は、若い世代を中心として一定の広がりを見せている。一方で、それを否定するような兆候も現れている。本章では、現在の日本社会において、フェミニズムはどのようなものとして立ち現れているか、輪郭を描き、その意味を考えたい。これまでフェミニズムがもっていた対抗的・批判的なポジションが、現在では自明ではなくなっている印象があるからである。

そしてこのような複雑な状態は、日本社会に限られたものではなく、英米等他国においても論じられているものである。本章では、ポストフェミニズム論について概説し、それが日本の状況にどのように切り結ぶことができるか考えたい。

2　ポストフェミニズムの特徴

2-1　フェミニズムの位置

本節ではポストフェミニズム論を紹介する。「Postfeminism（ポストフェミニズム）」という語自体は1980年代のアメリカですでに使われている。たとえばスーザン・ファルーディ（1994）は1980年代のアメリカの状況として次のように書いている。

フェミニズムなんて「あまりに70年っぽい」と、ちょっとした知識人は退屈そうに言う。「今や〝ポスト・フェミニスト〟の時代」なのだそうだ。つまり、平等が達成されたとか、それを乗り越えたというのでは決してないが、関心を装うつもりももはや女性にはなくなってしまった時代なのだそうだ（ファルーディ＝1994：76）。

この時期には、「ポストフェミニズム」はフェミニズムの立場に立つのではない側が用いた言葉で、フェミニズムに対して否定的な意味合いで「フェミニズムは終わったもの」と当時の時代を評するために使われていた。

だが2000年代になると、逆に「ポストフェミニズム」という状況を批判的に分析するためにフェミニズムの立場に立つ論者によって考察が進められている。このポストフェミニズム論は、カルチュラル・スタディーズの流れを汲むもので、メディア研究のアンジェラ・マクロビーが土台を築いたものである。

ポストフェミニズムとは、何かの思想や政治的立場のような明確な内容をもつものではなく、現在の社会の多くに浸透している社会意識や言説の一定の傾向を指している。

マクロビーによれば、1970～80年代のフェミニストが勝ち取った成果に対するバックラッシュとは別の、反フェミニスト的感情によって特徴づけられる社会文化的状況を意味している（Mcrobbie 2009）。反フェミニスト的感情とは主に若い女性を中心に広がる、フェミニズムに対する嫌悪感や否定的な意識である。

マクロビーの定義にあるようにまず強調されなければならないのは、ポストフェミニズムとバックラッシュの違いである。日本のジェンダー論ではバックラッシュ現象が１９９０年代後半以降、頻繁に取り上げられ、どのように批判できるか討議されたが、ポストフェミニズムについてはあまり言及されていない。一定の、明確な主張をもった運動団体や政治家に代表される潮流を意味するバックラッシュとは異なり、ポストフェミニズムはより広範な、不特定多数によって分けもたれている意識や言説を指している。また、用語の含む意味合いとして、バックラッシュが「進歩的な変化に逆らう退行的な現象」という含意をもち将来的には消えていく可能性を暗示するのに対して、ポストフェミニズムはそうではない。「ポスト」という接頭辞が示すように、これからいつまでとも知らず、薄く持続的に浸透しうる社会意識が、ポストフェミニズムである。

バックラッシュと違って、ポストフェミニズムにおいては単純にフェミニズムが否定されるわけではない。ポストフェミニズム状況においてフェミニズムの社会的位置は複雑化する。

たとえばマクロビーは、フェミニズムの要素は政治的制度的生活に取り入れられ、「エンパワメント」や「選択」という言葉がより個人主義的な言説へ転換され、メディアやポピュラーカルチャーの中で、さらに国家の政策として、それらの言説がある種のフェミニズムの代替として展開されていると分析する。

マクロビーは、日本でも大きな話題になった映画『ブリジット・ジョーンズの日記』をポストフェミニズムの一般的な論理を産出している代表例として分析する。主人公のブリジットは、大都市ロンドンで働く30代前半の女性である。彼女は自由なライフスタイルを享受しながら同時に、常に不安にさらされている。自由な性生活を楽しみながら、自分が30代で独身で子どもをもたないことに自信をもてない。旧来の女らしさを求められることに抵抗しながらも、男性との恋愛関係を求めずにいられない。そしてその恋愛はもろくこわれやすい。この作品は、彼女の不安と自己韜晦と皮肉で構成されている。マクロビーによれば、このポストフェミニズム世界においてフェミニズムは「幽霊」のようなものとして、女性たちを脅かす存在である。ブリジットにとってフェミニズムは、ロマンスやゴシップを楽しむことを禁じ、良い夫を見つけられるかどうかという不安をもつことを否定するものと考えられている。フェミニズムは女性に自立を求める「正しい思想」だが、それに従って生きることが「幸福」にいたるようには感じられないのである。

マクロビーは20世紀終わりのフェミニズムの波に乗って、女性たちに自立や自由を求めるようメッセージを発したことを苦く顧みている。その結果か、現在では若い女性たちからフェミニズムは煙たがられているという。また、マスコミ業界に教え子たちを輩出し、そこでのフェミニズム的変革を期待したものの、現実には出版世界の商業主義に負けて、フェミニズムは流行の彼方に消えたが、この結末を予測できなかったと振り返り、内省している。

ポストフェミニズムはフレイザーの論じるフェミニズムをめぐる変化と関連している。だが、不思議なことに、フレイザーはフェミニズムとネオリベラリズムの混在として現状を説明したのに対して、マクロビーにおいては「反フェミニスト的感情」として表現されている。この違いは、認識の違いを表しているのではなく、むしろ、ポストフェミニズムという社会状況の複雑さを示している。

マクロビーは、１９９７年に生まれたブレア新労働党政権に対して楽観的すぎたと語っている。この政権はフェミニズムにとって意義ある政治を行うと期待していたと。現実には、フェミニズム的であるかのように見えるが内実はフェミニズムを消去したワーク・ライフ・バランス政策を実施したり、あるいは「家父長制の復活」というべき政治が行われた。新労働党政権は「第3の道」と呼ばれた政策で知られ、それまでの労働党の社会主義的な政策を緩めて自由市場経済の方向に舵を切ったものである。世紀末のこの改革あるいは混乱の中に、フェミニストであるマクロビーも巻き込まれたことを示している。

この混乱を、フレイザーはフェミニズムに対してやや距離をおいた地点から「フェミニズムとネオリベラリズムの共犯」と批判し、マクロビーはよりフェミニズムに内在する立場から「反フェミニズム」と位置づけている。

他方で、シェリー・バジェオンは、ポストフェミニズムの言説がバックラッシュと違い、フェミニズムの「選別的な取り込み」を必要としていることを指摘する。バジェオンによれば、ポストフェミニズムはフェミニズムの成功の正当性を承認することによって、それを余剰であると宣告できる（Budgeon 2011：281）。「フェミニズムは正しかった。だがもう必要ない」というわけである。男女平等が達成されたと認めることがポストフェミニズム言説の駆動する前提なのである。

その上でバジェオンが提唱するのは、「第3波フェミニズム」の可能性である。バジェオンによれば、グローバル資本主義の変容に伴って要請された第3波フェミニズムは、ポストフェミニズムの言説と異なり、フェミニズムが現在でも必要であり可能であると主張する。だが女性の経験が複雑化している中、第2波フェミニズムを現在のジェンダー関係や社会関係に適用するのは限界があると考える。したがって第

3波フェミニズムは、女性間の差異から出発し、フェミニズムのアイデンティティや手法の複数性を認める。

このように、ポストフェミニズム論においてフェミニズムの位置は論者によって多様である。そもそものフェミニズムをどのように定義するかという点に遡る問題でもあり、容易ではない。

しかし、多くの論者の指摘に共通するのが、「女性の成功」を称揚するというポストフェミニズムの特質である。フェミニズムは女性の集合体としての社会的地位の向上を目指したが、ポストフェミニズムにおいてはあくまで個人的な成功に価値がおかれる。そして女性の成功を称揚する際に用いられるのが、「女性を弱者としてひとからげにすることで女性のエンパワメントを阻害する」というフェミニズムに対する否定的なイメージである。そのような「犠牲者フェミニズム（victim feminism）」のイメージを否定することによって、女性の成功や成功を求める野心は正当化される。

これは女性の主体的なあり方を肯定しているのであり、ここにもフェミニズムとポストフェミニズムの境界を確定する難しさが潜んでいる。フェミニズムの中でも女性の主体的な言動や社会的地位向上をどう見るかについては差異があるため、ポストフェミニズムへの評価も異なってくる。

2-2　女性の主体性の変化

ともあれポストフェミニズムは女性の主体性を肯定するのだが、その主体性の展開には興味深い特徴がある。それを分析したのがイギリスのロサリンド・ギル（Gill 2007）である。

ギルは、ポストフェミニズムは思想や主義ではなく感性であるとして、とくにマスメディアに注目して「ポストフェミニスト・メディア文化」を考察する。その特徴として第1に挙げられるのが、「身体的資産としての女性性」の追求である。今日のメディアにおいては、配慮や優しさ、母性といったものよりも「セクシーな身体」が女性のアイデンティティの鍵となる要素であり、権力の源泉であると定義されている。女性の「セレブ」の身体が、執拗に、細部にまでわたって呈示され、その形やサイズ、標準との差異、変化が語られる。

性に関する情報が氾濫する「文化の性化」の中で、ポストフェミニズムとして特筆すべきは、女性が「性的対象から欲望する性的主体」へと変容した点である。女性は、一見客体に見えるようなやり方で自己を表現する、積極的で、欲望をもった性的主体として描かれるようになった。そして、それは男性の視線によって外的に評価されるのではなく、女性自身の視線によって自己愛的に自己検閲されることも従来から変わった大きな点である。ギルはこれを「客体化より高度な、より深い搾取の形式」だとしている。

女性の主体化への努力は、日常的な自己監視と自己規律によってなされる。これは従来から女性に求められていたものだが、現在に特有なのは、自己監視の劇的な強化、生と関係性にわたる自己監視の拡張、および自己の内的生活の変化までを要請する心理面への注目の3点だとギルは指摘する。女性雑誌は、身体の形、サイズ、筋肉から服装、性的行為、キャリア、人間関係、家庭、財産形成までを、日常的・継続的な自己監視が必要な「問題」として位置づける。同時に、これらの監視の努力は女性自身が「楽しく、わがままに、夢中になるもの」でなければならないとされる。

このようなポストフェミニズムが求める女性性を体現するのが、前述のブリジット・ジョーンズのようなキャラクターである。『ブリジット・ジョーンズの日記』等のポピュラーなテクストは「個人的選択という言語によって若い女性たちを再規制（re-regulate）するためにポストフェミニズム的なジェンダー不安を標準化」(Mcrobbie 2009 : 21-22) するとマクロビーは分析している。ブリジットの葛藤に表象されるような「ジェンダー不安」は、ポストフェミニズム下の多くの女性に内包されうる。女性たちは、男性と同じように市場に参加して、競争に勝たねばならないと同時に、伝統的に女性に要求される価値を、これまで以上に、強く、深く、永く体現しなければならない。

さらに、マクロビーもギルもともに、近年の「性的差異の再強化」を指摘している。脳生理学や動物行動学等の「科学」的知の名によって男女の差異を解説し強調する言説が流行し流通している。もちろん科学はこれまでも性差を構築する主な拠点の一つだったが、現在の特徴は、その知がより大衆化されたことである。大衆レベルではこれまで文化や伝統として語られてきた「性的差異」が、自然科学を冠する書物の流行に見られるように、現在では新たに「知」「科学」のレトリックによって正当化され、確立されている。

この新たに定義された性的差異は、まさに女性たち自身の身体と意識の中で確立され、生きられているのである。彼女たちは、男性中心社会において男性的な成功に向かって競争に参入しながら、同時に、女性的な身体性を体現するために日々向上しなければならない。男性的な競争の中で女性的な勝利を目指す。そこでは矛盾する価値を統合し、文脈や場面に応じて使い分けなければならないため、常に緊張と葛藤の渦中にいる。

彼女たちの不安は、ポストフェミニズムを必要とする社会の不安を代弁している。

2-3 LGBTの可視化

さらに触れておきたいのがリサ・ドゥガンの「ホモノーマティヴィティ」の議論である。ドゥガンはこの数十年来のネオリベラリズムの進展により、政治が変質したと指摘する。同性愛者の存在が可視化され、承認される裏側で、「左翼」はバッシングの対象となり、クィア・ポリティクスはごく一部の偏狭な頑固者たちの主張として周縁化され、ネオリベラリズムの論理に沿う形に運動が変形されていった。

その具体的な現れが軍隊と同性婚というトピックである。軍隊での同性愛者の公認と同性婚の承認へ運動や世論の関心が集中したことは、ドゥガンによれば単なる「前進」や「進歩」ではなく、むしろ、同性愛という「問題」が私的領域の自由に関する事柄へと矮小化され、異性愛中心主義社会への批判的意味合いが消し去られたことを意味している。公的領域における秩序を脅かさない限り、私的領域の自由は許容されるという現在の広範な意識は、公私の区分自体が異性愛主義社会を支える装置だというクィア・ポリティクスの指摘を無化してしまう。

「平等」は、いくつかの保守的な制度への狭い、公的なアクセスを意味することとなり、「自由」は偏見から免れることと商業主義的な生活と市民社会の中の莫大な不平等を意味し、「プライバシーの権利」は家庭への閉じ込めを意味し、民主政治自体が逃れるべきものとなった（Duggan 2003：65-66）。異性愛主義社会の中に同性愛者が許容され、秩序の一端を担っていく。このホモ・ノーマティヴィティは、ポストフェミニズム社会と近いところにあるどころか、おそらくは同じ一つの政治を構成しているのである。

以上のように、ポストフェミニズム論は、現在の文化が単なる「進歩」や「平等」を達成する過程にあるとは言い難いことを示す。現状においてフェミニズムは「当然のもの」とされながら「終わったもの」と終了を宣告され、場合によっては「女性の幸福を否定するもの」とイメージされている。その中で女性は「理想的な男性」を獲得すべく今まで以上に努力と競争を強いられている。文化の中にこそ矛盾が集中しているのである。

3　日本社会におけるフェミニズムのイメージ

それでは、このようなポストフェミニズム的状況は日本社会に存在しているといえるだろうか。まず、日本社会においてフェミニズムがどのように見られているか探ってみたい。

ジェンダーに関連してまず確認しなければならないのが、男女共同参画という政策だろう。１９９９年に法律が制定され、行政による男女共同参画施策は地方レベルまで進展した。この政策の中身は多岐にわたっているが、重要なのは、その基本的考え方が「性差別の是正」ではなく、「男女が共同に社会に参画する」というものである点だ。この法律や政策では性差別が存在するということを必ずしも認めていない。差別の存在については曖昧なままで、男女の参画を推進するのが良いことだとしている。この曖昧さは、第2章で論じたように、規範的性差にもとづく異性愛主義を再生産させるなど、数々の問題を生むこととなる。この問題点は、2000年代以降の女性活用政策の展開によって拡大している。

そして、この考え方は変形されて一般社会に広まっている。男女共同参画行政はフェミニズムと一体のものとして見られ、「国が女性差別を禁止している」ものと考えられている。法律や政策レベルでは必ずしも「女性差別」を固く禁止しているとはいえないのだが、女性差別を禁止するフェミニズムが国家や政府をあたかも「牛耳っている」とイメージされ、実際以上に権力をもっているものと思われている。

このような実態をゆがめたイメージを再生産しているのがインターネット上の言説空間である。ネット上の反フェミニズム的な言論は、1990年代後半にバックラッシュとして批判されたが、現在にまでそれはやむことなく増加しており、若い世代がジェンダーやフェミニズムについて情報を得る際にまず入手されるのはそのような言説であることが多い。これはすでに「バックラッシュ」という言葉からは溢れ出した、より構造的な存在であろう。

さらに状況をややこしくしているのが、「女性の社会進出」言説である。日本社会で一般に、「戦前は女性は差別されていたが戦後は女性の社会進出が進み、差別はほとんど解消された」というイメージがもたれており、マスメディアの「女性の活躍」言説がこれを後押ししている。たとえば、大企業で活躍する女性を紹介し、それが「女性の活用」や「ワーク・ライフ・バランス」などの政策的目標に合致していて価値があると報道される。だがそれは現実の女性労働の実態を隠蔽し、政策に無批判に追従している。

これら政治やマスメディア報道およびインターネット上の言論の結果、日本社会では「女性差別はなくなった」というイメージが醸成され、「にもかかわらず『女性は差別されている』というプロパガンダを唱えるフェミニズム」への反感が生み出されている。

江原由美子がすでに2000年の時点で、「若い世代の女性たちには『フェミニズム離れ』が起きている」と指摘している。

> 若い世代の女性たちには「フェミニズム離れ」が起きている。この10年ほど経済不況によってもっとも厳しい就職状況に置かれたのは若い女性たちであるにもかかわらず、また彼女たちの大半が男女は家庭でも職場でも対等であるべきだという考え方に賛同するにもかかわらず、フェミニズムに賛同する者は、むしろ減っているのである。それらの考え方が当たり前になった今だからこそ、いまさらフェミニズムなんてと感じる女性の方がずっと多いのだ。今日本のフェミニズムは普及することによってむしろ勢力が「拡散」し「衰え」ていくというパラドクスに直面しているのかもしれない（江原2000：3－4）。

江原によれば、今日本のフェミニズムは普及することによってむしろ勢力が「拡散」し「衰え」ていくというパラドクスに直面しているという。

ゼロ年代には、フェミニズムについて議論すること自体が減少した。その中で目立つのはフェミニズムに対して否定的な論評である。

酒井順子『負け犬の遠吠え』(2003)は、著者の意図を超えて、経済的に地位を得ても結婚せず、家庭がない女性を「負け犬」として表象するものとして広まった。

荷宮和子は『なぜフェミニズムは没落したのか』(2004)で「女にとっての八〇年代とは、『解放と希望があるかのように思えた時代』だった」(荷宮 2004:3-4)が、フェミニズムは女性たちの多くから乖離していったと論じた。荷宮は、『八〇年代フェミニズム』とは、『人間が性別で差別される社会』から『人間が能力で差別される社会』への移行を促しかねないという意味で、有害極まりない側面を持った思想だった」(荷宮 2004:205)とも指摘している。

さらに激しくフェミニズムを批判するのが、山下悦子である。山下は「学者フェミニスト」が多くの女性たちの現実から遊離した偏った理論を主張し、かえって女性たちを不幸にするという(山下 2006)。

このように、英米のポストフェミニズムの傾向とは違い、そもそもフェミニズムに否定的な評価が先立つのが日本の特徴である。バジェオンが指摘したような、フェミニズムの成功を承認することによってその終了を宣言するポストフェミニズムの特性は、日本ではそもそもフェミニズムの成功を認める言論が少ないという点であてはまらない。

日本では「女性差別の解消」というイメージは、フェミニズムの成果としてではなく、「経済発展」や

「民主化」「教育の効果」等の漠然とした大きな変化と結びつけて認識されている。「性差別の解消を求める女性たち」の存在は身近に感じられず、自然と社会が進歩するに伴って女性の地位も向上したと考えられている。

以上のように、現在では、一見フェミニズムと見紛うような「女性の進出」を強調する言説やイメージがマスメディアや行政等の権威的存在によって発信される一方で、ネットなどのより身近な言説装置からは反フェミニズム的なメッセージが繰り返されるという、二律背反的な状況がある。そしてこれらは、政府やマスメディアによる「女性の進出」を正当化し、促す言説が、お仕着せのものとしてネット上で批判されるという構図の中で流通している。

4　新しいジェンダー・セクシュアリティ秩序

前節で論じたようなフェミニズムに対して矛盾含みの状況がある中で、ジェンダーとセクシュアリティについて新しい秩序が編成されつつあるように見える。

4-1　ジェンダー秩序の再編

まず、近年の意識調査等によって若い世代の保守化がうかがえる。図表1は性別役割分業に関する意識調査の結果である。2009年までは性別役割分業に賛成の割合が減り反対が増える趨勢にあったのが、

図表1 「夫は外で働き，妻は家を守るべきである」という考え方に関する意識の変化

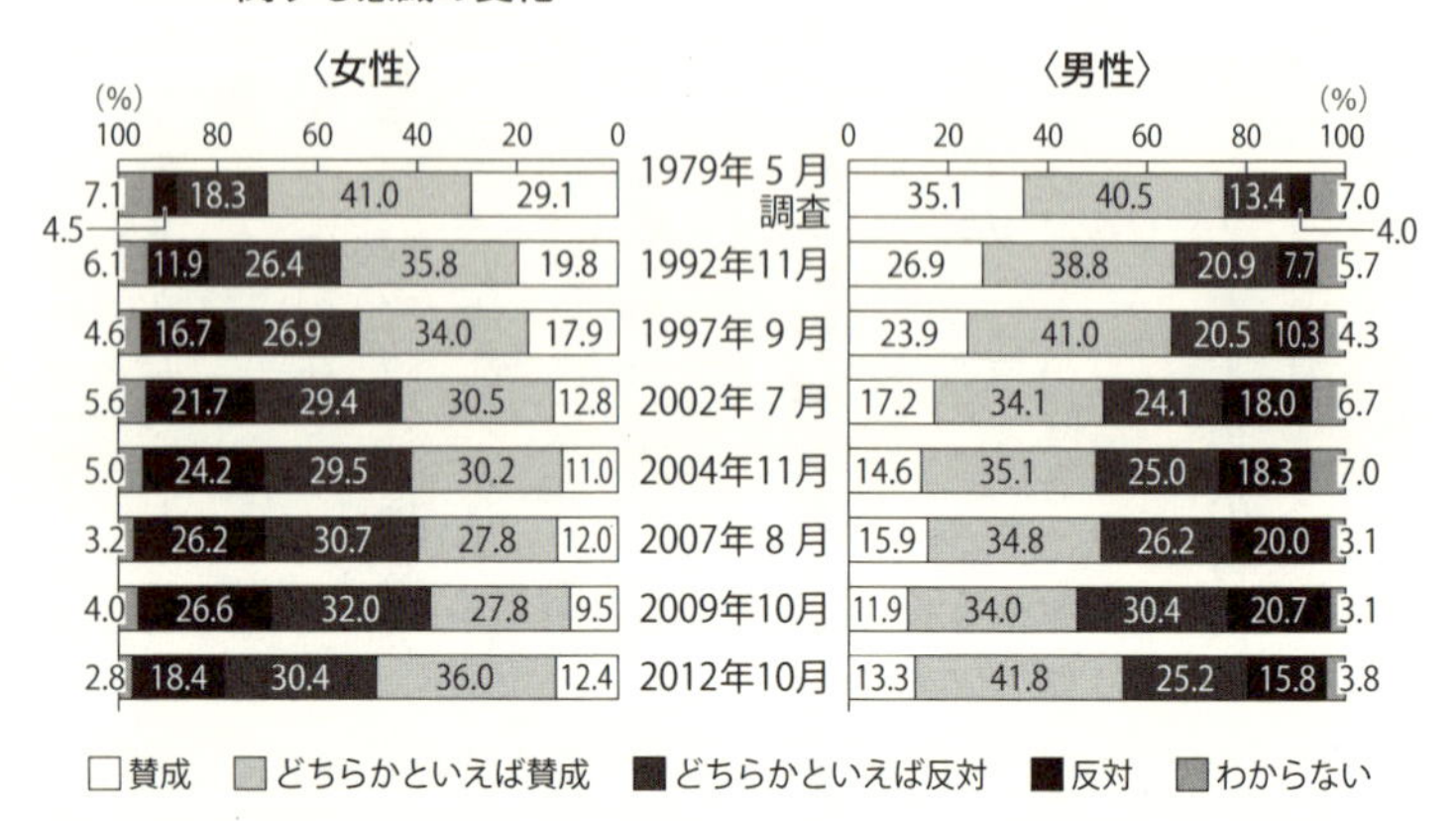

（備考）内閣府「男女共同参画社会に関する世論調査」より作成。
（出所）『男女共同参画白書　平成25年版』(http://www.gender.go.jp/about_danjo/whitepaper/h25/zentai/html/zuhyo/zuhyo01-00-24.html) より。

図表2 性別役割分担意識に関する世代による特徴：賛成の割合

(%)　〈女性〉　〈男性〉　(%)

60～69歳	50～59歳	40～49歳	30～39歳	20～29歳		20～29歳	30～39歳	40～49歳	50～59歳	60～69歳
70.2					大正12～昭和7年生まれ					75.0
50.8	54.3				昭和8～17年生まれ				64.8	53.7
52.3	40.6	53.9			昭和18～27年生まれ			59.8	47.4	55.9
	40.4	37.5	46.8		昭和28～37年生まれ		66.5	51.8	47.2	
		41.0	32.9	48.0	昭和38～47年生まれ	52.3	41.4	50.9		
			41.6	33.2	昭和48～57年生まれ	44.3	52.2			
				43.7	昭和58～平成4年生まれ	55.7				

□1992年調査　□2002年調査　■2012年調査

（備考）1. 内閣府「男女共同参画社会に関する世論調査」(平成4［1992］年，14［2002］年，24［2012］年) より作成。
2.「賛成」および「どちらかといえば賛成」の割合の合計値。
（出所）『男女共同参画白書　平成25年版』(http://www.gender.go.jp/about_danjo/whitepaper/h25/zentai/html/zuhyo/zuhyo01-00-25.html) より。

2012年に逆に賛成が増えて注目された。とりわけ中でも、図表2からわかるように、若い世代ほど増加の割合が大きい。これについては2011年の東日本大震災の影響と、悪化する労働環境により若い世代が保守化したのではないかと語られた。若い世代の専業主婦願望や性別役割分業への肯定感は、労働環境の悪化という要因に加えて、ジェンダーについて実態の把握が攪乱させられると同時に、フェミニズムへの否定的イメージが循環している社会背景を抜きには分析できない。

さらに、若い世代の流行語は、あらわにポストフェミニズム的要素を感じさせる。近年、「女子力」や「草食系」「○○系男子／女子（ガール）」等の言葉が流行している。「男子」よりも「女子」に関連する言葉のほうが多く、女性が注目されることが多いため一見女性の活躍する場が広がっていることを象徴しているようにも見える。だがどちらにしても性別を前面に出す言葉であることは、まず気づかれなければならない。流行語自体がジェンダー化しているのである。

筆頭が「女子力」ブームである。「○○力」という言葉は、「老人力」に端を発している。老人力とは赤瀬川原平の同名書籍（1998）から生まれた言葉であり、物忘れ、繰り言、ため息など、従来、ぼけ、ヨイヨイ、耄碌として忌避されてきた現象に潜むとされる未知の力を指す。このように元来はネガティブな意味であった言葉が、転換されて流用されている。女子力についても、「被差別者、被害者、犠牲者」としての女性からの価値転換という意味が含まれていることが推測される。

「女子力」という言葉は、安野モヨコ『美人画報ハイパー』（連載1999－2001、単行本2001、文庫版2006）が創始だとされているが、実際の同書の中では必ずしも「女子力」という言葉が用いられてはいない。むしろ「あとがき」で触れているエピソードが、「女子力」流行の背景にある、著者と社会の意識を明らかにしている。著者は漫画家として成功したにもかかわらず、パーティーで男性から相手にされず、きれいに着飾った女性が主役になっていたことにショックを受け、容貌やファッションを磨く、つまり「女子力」を上げることを決意したという。このくだりは、社会経済的達成を得た女性ですら、あるいはなおのこと伝統的ジェンダー規範への従属を内発的に要請される状況を意味している。

「女子力」という言葉は肯定的に評価されることが多い。たとえば馬場伸彦は社会的・文化的性差にもとづく「ジェンダー論」からはこぼれ落ちる「女子」的意味があるとし、それは「主体性」が中心的特性であるとする(馬場・池田編　2012)。栗田宣義は、「『女子』という言葉には彼女たちの学生時代におけるジェンダー的対等の記憶がいい意味で焼きついていて、男性に従属している感じがしない」(「〝暴走〟する女性たちのスゴイ商品開発力　女子力が市場をつくる!」『宣伝会議』2008年5月1日)と語る。

しかし、「女子力」に対して一般的に含意されているものはそう新しくない。あるインターネット記事[*1](マイナビニュース2014年7月9日)によると、男性が思う「女子力」とは、「家事能力」や「きれいになること」「男性を立てること」だった。古典的な「女らしさ」にこめられる意味とあまり変わりがない。マイナビニュース会員173名(独身男性)に対して行われた調査だが、解答例を抜粋する。

- 「自分の魅力を高めること。料理教室など」(27歳男性/建設・土木/事務系専門職)
- 「(女性は家事をやるべき、という考えには関係なく)やろうと思えば家事全般ができるように訓練する

こと」（26歳男性／マスコミ・広告／クリエイティブ職）

- 「女性らしさを磨くこと。字をきれいに書くとか」（49歳男性／その他）
- 「男性を立てる、男性に褒められるための行動を取れていること（料理、ちょっとした気配り、近所の方への挨拶、デート時のお弁当、つまみをさっと作れるなど）」（33歳男性／不動産／専門職）
- 「服装や髪形など目立つところだけでなく、つま先のネイルなど細部のオシャレを怠らない」（25歳男性／その他）

新しさがあるとすれば、そういった古典的な女性性を、改めて、女性自身が身体化しようと努力するという「女子力」の規律訓練的側面である。従来の「女らしさ」であれば女性の心身に自然にそなわっているものとみなされ、改めて意識的に努力するものとは違い、恒常的に、あるいは偶然的に発見されるものだった。「女子力」は、たとえば「家でだらだらしないこと」「就寝前に化粧を落とすこと」で上昇するものと考えられ、日々のたゆまぬ人工的努力の結果であり、またそれによって「男性の気を惹き」「結婚へと結びつく」戦略的なものだと考えられている。

ここで、近年のブームという以上に定着した、「婚活」という現象を併せて考えるならば、フェミニズムに対する逆風といってよい状況があることに気づくだろう。「少子化」言説と固く結びついて行政までもが推進する「婚活」は、結婚を個人的幸福および国家的繁栄と結びつける従来のジェンダー秩序がより強固に、今の日本社会を拘束していることを示している。労働環境の悪化により、女性の貧困が拡大し、結婚が女性にとってもつ生存戦略という意味合いが増大していることを考えると、婚活現象を批判するのも難しい。

4-2　ポストフェミニズム化する日本社会

ここにおいて、フレイザーが論じたフェミニズムとネオリベラリズムの結びつきがまた違った意味で証明されるし、その大きな構図の内部でポストフェミニズム的状況の存在が見てとれる。女性はネオリベラリズムによって貧困を悪化させながら、そこから逃れるために古い女性性を新しい方法で身体化させなければならない。その身体化の方法的新しさは、フェミニズムと見紛う男女共同参画や女性の活躍等のポストフェミニズム言説とネオリベラルな権力志向によって構成されている。

ただし、英米のポストフェミニズム論とは合わない点がいくつかある。

まず、日本のポストフェミニズムにおいては性的含意が前面に出ていないことである。英米では、女性自身が性的主体となっていくありようが特徴的だが、日本ではそうではない。その代わりに強調されるのが「家事」の能力である。家事というフェミニズム理論でいえば再生産労働がいまだに、日本においては女性性の特権的な位置を占めている。

次に、前述したようにフェミニズムが承認されないままに、女性差別の終了が宣言されていることである。女性差別は社会運動としてのフェミニズムによってではなく、法律や政策、経済発展によって解消されたと思われており、そのような把握には、これも日本社会に特徴的な、国家の存在の大きさが現れている。男女共同参画、少子化、婚活等々近年のジェンダー・セクシュアリティに関する諸現象においては、国家によって秩序にくみこまれることが自明視されている。

4-3 セクシュアル・マイノリティの可視化とジェンダー秩序

さらに、近年のセクシュアル・マイノリティの政治について考えてみよう。

ゼロ年代には、「性同一性障害」や同性愛などの存在が社会的に可視化され、関連する法律もできた。とくに「性同一性障害」に関する法律成立や一般の理解が比較的早く進んでいる背景には、それが「障害」や「病気」の一つと理解され、治療の対象とみなされていることがある。性的差異の存在が強調され、差異の存在は前提としてその間違い(「障害」)を医療的に治療することが承認される時代に変化したのである。これをポストフェミニズムとの関連で考えると、性的差異を人工的に努力して発揮させていくという点で矛盾していない。

河口和也(2013)は、ゲイやトランスジェンダーが「最先端の生活情報」を伝授するテレビ番組を取り上げ、ネオリベラル体制下における非異性愛者の「脱性化」と「規範化」を論じている。興味深いのは、登場するセクシュアル・マイノリティの「カリスマ」たちが、女性に美を教える役割を負わされている点である。ポストフェミニズムにおける、女性の身体への規制は、セクシュアル・マイノリティを周縁的な存在として配置し、役割を課すことによっても成し遂げられる。女性とセクシュアル・マイノリティの存在が、ねじれた関係性で社会的に配置されている。

セクシュアル・マイノリティの可視化は、従来のジェンダー・セクシュアリティ秩序を揺るがすものではなく、偶然的にそこからはずれただけのものとして周縁的に秩序に編入され、脱政治化され受容されているといえるだろう。

同性婚の主張はまだ広がっているとは言い難いが、婚活の流行と定着に伴って、承認への気運が高まる可能性もある。ただし、保守的な家族観を復活させようとする政治勢力が同性愛の存在をどのように位置づけ直すかまだ見えないため見通しは不明である。[*2]

以上、ポストフェミニズムが日本で存在しているかどうか検討してきたが、日本社会に特徴的なポストフェミニズムが現出していることはおそらく否定できないだろう。

5　最後に

それでは、以上のように問題含みの日本社会のポストフェミニズムに対してフェミニズムはどのように対抗できるのだろうか。あるいは「対抗」という言葉自体が適切なのだろうか。

ポストフェミニズム言説がフェミニズムの否定の上に成り立っている以上、一定の対抗的含意は避けられない。だが、性差別の撤廃と性的自由の確立を求めるフェミニズムの側から、単にポストフェミニズムを否定するだけでは、ポストフェミニズムの言説戦略のうちを出ないだろう。本論で論じてきたように、フェミニズムはあまりに複雑な局面におかれているからである。

最後に触れておきたいのが、第3波フェミニズムについてである。第3波フェミニズムについては英米でこれまで多くの著作が出されており、内容は多岐にわたっている。統一的見解をまとめうるようなものではないが、最低限共通するのは、第2波フェミニズムへの批判と継承の危うい距離感である。全否定でも全肯定でもなく、第2波フェミニズムを評価しつつ、その上で違うものをフェミニズムとして見出そうとしている。

その違いの最たるものは、「女性」というアイデンティティを統一的に表象することへの強い忌避感である。第3波フェミニズムは、第2波が女性を一枚岩視したことにより、女性内のさまざまな権力関係を見逃したことを重く見て、その権力関係の自覚から出発しようとする。

第3波フェミニズムについてここではこれ以上論じられないが、第3波の視点をどれだけ豊かにし、どれだけ多くの人びとと共有していけるかということが、現在のポストフェミニズムの抑圧から抜け出すために必要な課題だろう。

【注】

＊1 「男性が思う〝女子力〟とは——『男性を立てる』『花嫁修業』『表に出すぎない』」マイナビニュース、2014年7月9日（https://news.mynavi.jp/article/20140709-a326/）2018年3月21日閲覧。

＊2 本章の執筆後に起きた『新潮45』誌上における杉田水脈議員の記事に関する論争については菊地（2018参照）。

【文献】

赤瀬川原平（１９９８）『老人力』筑摩書房

安野モヨコ（２００１）『美人画報ハイパー』講談社

馬場伸彦・池田太臣編（２０１２）『「女子」の時代！』青弓社

Budgeon, Shelley (2011) "The Contradicions of Successful Femininity", Rosalind Gill & Christina Sharff eds., *New Femininities*, Palgrave Macmillan

Butler, Judith (1998) "Merely Cultural", *New Left Review* 227＝（１９９９）「単に文化的な」大脇美智子訳、『批評空間』Ⅱ-23、太田出版

Duggan, Lisa (2003) *The Twilight of Equality?*, Beacon Press

江原由美子（２０００）『フェミニズムのパラドックス――定着による拡散』勁草書房

ファルーディ、スーザン（１９９４）『バックラッシュ――逆襲される女たち』伊藤由紀子・加藤真樹子訳、新潮社（Faludi, Susan, *Backlash*, Crown, 1991）

Fraser, Nancy (2009) "Feminism, Capitalism and the Cunning of History", *New Left Review* 2:56 March/April＝（２０１１）ナンシー・フレイザー「フェミニズム、資本主義、歴史の狡猾さ」関口すみ子訳、『法学志林』第１０９巻第１号

Gill, Rosalind (2007) "Postfeminist media culture", *European Journal of Cultural Studies* 10 (2)

河口和也（２０１３）「ネオリベラリズム体制とクィア的主体」『広島修大論集』第54巻第１号

菊地夏野（２０１８）「ポストフェミニズムとネオリベラリズム」『福音と世界』１月号、新教出版社

マリィ、クレア（２００７）「バックラッシュにおけるさまざまなフォビアの解読」日本女性学会『女性学』15号、新水社

Mcrobbie, Angela (2009) *The aftermath of feminism*, SAGE

荷宮和子（２００４）『なぜフェミニズムは没落したのか』中央公論新社
酒井順子（２００３）『負け犬の遠吠え』講談社
山下悦子（２００６）『女を幸せにしない「男女共同参画社会」』洋泉社

第4章　「女子力」とポストフェミニズム
——大学生アンケート調査から

1　問題の所在

現代日本社会はさまざまな意味で「混迷」しているといわれるが、ジェンダーについてはとくにそう感じられる。インターネットを中心とするメディア上では若い女性の「専業主婦願望」が語られている。社会状況の急速な変化により、人びとのジェンダー意識も変容していることが推測されるが、その具体的な中身は十分に検証されないまま、個々の現象的側面が注目されるに止まっているようだ。

ジェンダー論でも、近年の日本社会のジェンダー意識について探ったものは多くない。筆者は、近年の日本社会のジェンダー意識やジェンダー秩序は、これまでのジェンダー論の枠組みからずれる新しい要素を含んでいるのではないかと考えている。つまり、第2波フェミニズムが対峙した社会状況、ジェンダー秩序とは異なる現状が広がっているのではないか、ということである。

それについて検討するために、本論では筆者が関わって行った「女子力」に関するアンケート調査を用いる。女子力は近年流行した言葉である。[*1] マスメディア上でも頻出するし、また若い世代で日常的に多く用いられている。アンケート調査を分析するために、前章で扱ったポストフェミニズム論の視点を参考にする。ポストフェミニズムといえる社会状況が日本社会においても見られるかどうかを探るのが本章の主な目的でもある。

2　ポストフェミニズム論について

前章で論じたように、ポストフェミニズム論の代表的な論者としてはアンジェラ・マクロビー、シェリー・バジェオン、ロサリンド・ギルなどが挙げられるだろう。論者によって内容は異なるが、大枠の概要としては、「フェミニズムは終わった」という言説が支配的になっていることや反フェミニスト的感情が一般に、とくに若い女性に広がっていることを危惧している。そして、「個人の選択」や「エンパワメント」等のフェミニズム的な語彙が広がった代わりに、女性たちは新しい女性性を身につけるよう社会的に要請されていると考察する。それは、身体的資産として女性性を感受し、性的客体から性的主体へと変化することや、個人主義を前提として選択とエンパワメントに価値をおく世界観、そしてそのために自己監視と規律を身につけていくことなどを内容としている。そのような新しい女性性をとりまくように、性的差異を再強化する言説が流行していると分析している。このように、フェミニズムと反フェミニズムが共存しているのがポストフェミニズムを分析する際の難しさである。

これらのポストフェミニズム論はまだ日本では多くは紹介されていない。[*2] 簡単に言及しているものを二、三紹介すると、田中東子は、「『ポストフェミニズム』というのは、一般的なジェンダー間の平等はもはや達成され、フェミニズムは必要なくなってしまったという状況や、フェミニズムは使い尽くされてしまったという状況を示すための言葉」(田中　2012：6)としている。三浦玲一は「『ポスト』フェミニズムとは、『フェミニズムは終わった』という認識であり、また、フェミニズムが終わったとして『その後の女の問題』という意味でもある」(三浦　2013：62)とし、河野真太郎は「ポストフェミニズム状況は、第2波フェミニズムの忘却、母の世代の忘却の上に成り立っている」(河野　2015：176)としている。

一見して、ポストフェミニズムを「フェミニズムは終わった」ことを示す事実そのものとみなす定義と、そうではなく「フェミニズムは終わった」と社会的に多くの人に認識されているという言説状況を示すものとみなす定義が混在していることがわかるだろう。このように、ポストフェミニズム論は、「フェミニズム」という言葉の定義、「終わった」ということの水準、判断する主体の位置など、多くの難しい問題を含んでいる。日本では議論が開始された段階だといえる。

本書では、ポストフェミニズムは社会の支配的な言説にくみこまれたものであり、実際に「フェミニズムは終わった」かどうかとは違う次元で展開されていると考える。「フェミニズムは終わった」という命題自体、検証が非常に困難なものである。そして、日本のジェンダー論・フェミニズムではまだ議論は少ないが、ポストフェミニズム論は現在日本の新自由主義的社会とジェンダーを分析する上で有意義なのではないかと考えている。

渡辺治（2007）によれば、欧米では1980年代から徐々に福祉国家からネオリベラリズムへ移行したが、日本では1990年代に始まりやっと2000年代から本格化した。このネオリベラリズムがジェンダー面でどのような意味をもっているか渡辺は論じていないが、近年の女性労働の変容にその展開を跡づけることができるだろう。労働市場に女性がどんどん導入され、一部で競争できる女性がエリート層へ登用されていく。一方で民営化された医療・介護・福祉分野へは安価な労働力として女性が割り当てられ、女性間格差が拡大した。にもかかわらず社会意識としては男女平等よりも効率、競争を優先させる価値観が強まるため、女性運動は成立し難くなる。他面で伝統的・保守的な価値観の復活が試みられ、ときにはよりバックラッシュとしてフェミニズム側は反撃したが、保守主義は一つの社会潮流として定着している。

このようなネオリベラリズム的な社会状況がポストフェミニズム現象の背景にある。以上の視点から、本論ではポストフェミニズムを「フェミニズムを終わったものとして認識させ、フェミニズム的な価値観を周縁化し、それによってジェンダーとセクシュアリティの秩序を再編する社会状況」と定義したい。この再編されたジェンダー・セクシュアリティ秩序が現在どのように分節化されているかを鮮明に表現しているのが「女子力」という語彙ではないか、というのが本章の視点である。

「女子力」現象について、本田由紀（2005）の「ポスト近代型能力」論を参考にする。

本田は現在を、近代社会からポスト近代社会へ移行した段階と見る。本田によれば近代社会はメリトクラシー（業績主義を人びとの社会的位置づけに関する支配的なルールとする社会）を編成原理とするが、ポスト近代社会では選抜の公正さが後退して、業績主義が人間存在のより全体的なレベルまで深化したハイパー・メリトクラシーが基軸とされるように変わると論じる。そこで望まれる「ポスト近代型能力」の特徴は、個々人に応じて多様でありかつ意欲などの情動的な部分を多く含む能力であり、相互に異なる個人の間で柔軟にネットワークを形成し、リソースとして他者を活用できるスキルをもつことである。これは個々人の人格や感情、身体などと一体化したものであり、個々人の生来の資質か、成長過程における日常的・持続的な環境要件によって決まる部分が大きい。そのため家庭環境という要素が重要化する。

この本田の「ポスト近代型能力」は、本田は言及していないものの、女性に求められる特性と重なる部分が大きく、ポスト近代社会における「能力の女性化」を象徴するとも考えられる。本章では、そのようなポスト近代型能力の代表的なものが「女子力」ではないかと考えている。

3 「女子」に関する研究

本節では、「女子力」に関する先行研究を見てみたい。近年の流行語としての「女子」についての研究は少ないが、馬場伸彦・池田太臣は「フェミニズム的観点をするりとかわす」(馬場・池田編 2012：24)ものとして「女子」を捉えている。

同様の立場に立つものが米澤泉『「女子」の誕生』(2014)である。米澤は、「女子力」を女性を解放するものと捉えている。

ファッション誌の「女子力」とは装いの持つ力なのだ。装いの力としての「女子力」は、基本的に男性に向けられているものではない。むしろ、「女子」として生きていくための原動力となっているものである。装いの力によって、女は「女子」となる。妻や母といった社会的役割、良妻賢母規範を軽やかに脱ぎ捨てるファッション誌の「女子力」はもっと評価されるべきであろう（米澤　2014：191）。

さらに、次のくだりのように米澤は女子や女子力といった言葉を、年齢や価値観などを超える意味合いをもつものと考えている。

ファッション誌の「女子」たちが、装いによって「常識」を超え、年齢を超え、時には価値観や、規範を揺るがせていることが明白になるだろう。ファッションや化粧が些末な日常の営みを超え、繭と鎧になり、「女子」を守る力となっていることも（米澤　2014：はしがきⅲ）。

米澤の議論は、ファッション誌における「女子」や「女子力」という語彙を、現実社会の女性たちのおかれた立場と区別せずに用いているため、社会学的検討の対象としづらいが、このような「女子」「女子力」に対するまなざしは、一定の社会的傾向に沿っているものと考えられる。

さらに、米澤のフェミニズム観がうかがえる部分を引用する。

研究者の世界は腐女子と文科系女子の巣窟である。（略）女子をこじらせないと研究者にはなれないのだろうか。男性の欲望の対象として自らの身体を飾り立てるなどもっての他。ファッションや化粧を否定することから知の探求は始まるのだろうか。それこそ、行き過ぎたフェミニズムの弊害ではなかろうか（米澤　２０１４：25）。

このようなくだりからは、米澤のフェミニズム観がポストフェミニズムの言説とほぼ重なっていることがわかる。すなわち、米澤の「女子力」観は、ポストフェミニズム社会のそれと類似していると仮定できる。

本論では、このような先行研究における「女子力」観が実際に「女子力」の使われる様相と一致しているかどうか検討する。これらの先行研究では「女子力」を「男性に向けられるのではなく、年齢や価値観を超えて女性を良妻賢母規範から脱却させる力を持つもの」としている。このような「女子力」観は妥当なのか考察したい。

4　アンケート調査の概要

本アンケート調査は、女子力にパワーを見出す肯定的な議論に対して、「女子力」が実際に若い男女の間でどのような意味合いで使用されているか、その一端を探るために行った。筆者の勤務する大学の「調査実習」科目において実施したものであり、その報告書から内容の一部を紹介する。[*3] アンケート調査の対象は愛知県内の大学に通う大学生、合計782名である。7大学13科目の授業で担当教員の協力を得て出席者を対象に実施した。調査期間は2013年9月から12月である。対象者の選出方法など厳密な手続きに従った実証的調査ではないが、本章では議論の素材として紹介したい。

4-1 対象者の性別と年代

対象者の性別は女性が457名で58%、男性が285名で37%、無回答が40名で5%だった。年代は、19歳以下が262名で34%、20歳代前半が441名で56%、その他が36名で5%、無回答が40名で5%だった。

図表1 「女子力」という言葉を知った時期

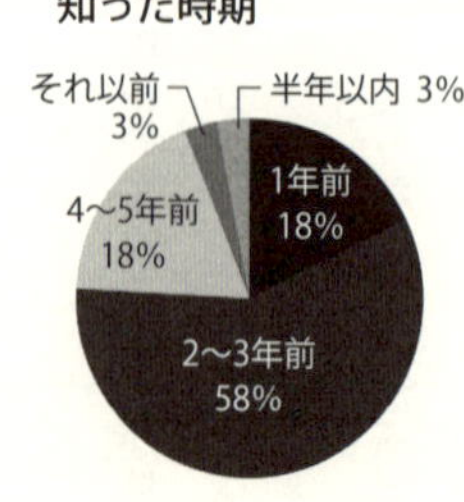

4-2 「女子力」という言葉の認知について

「女子力という言葉を知っていますか」という質問に対しては、98%が知っていると回答した。

「女子力という言葉を知った時期」については、図表1のように、「2～3年前」と回答した者が58%を占め、2010年前後に認知した者が多かった。

「どのようにして『女子力』という言葉を知ったか（あてはまるものすべてに○）」については、図表2のように、「周りの人」「テレビ」「インターネッ

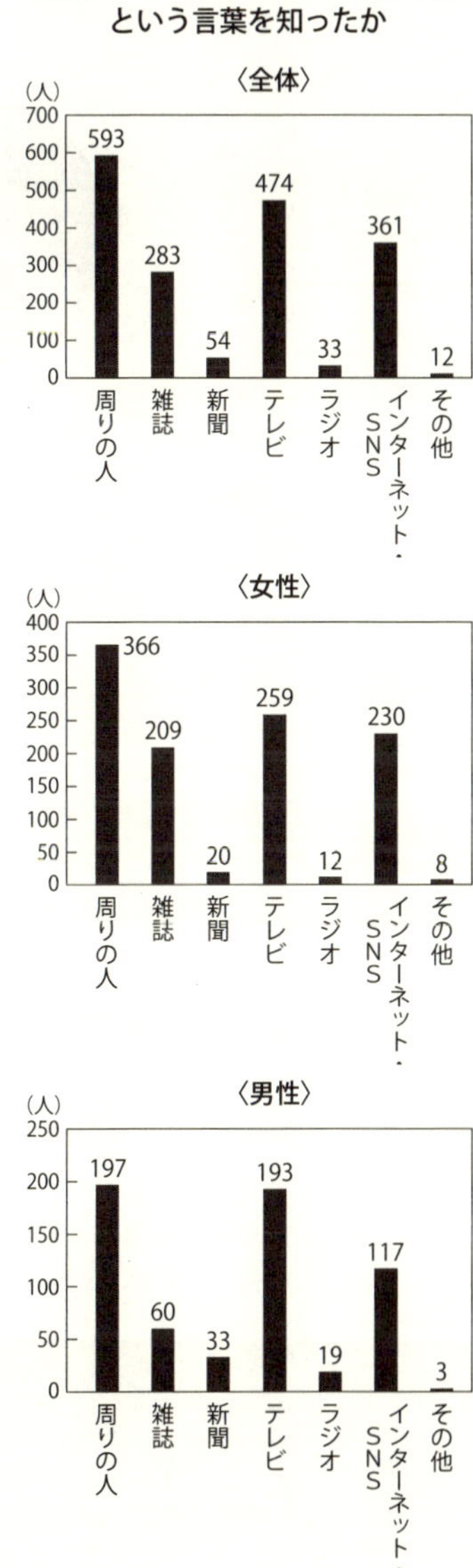

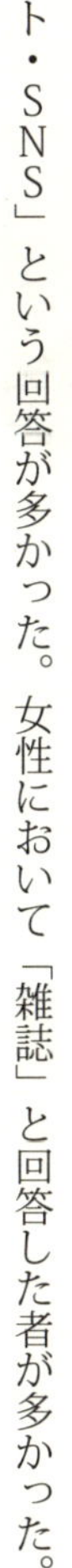
ト・SNS」という回答が多かった。女性において「雑誌」と回答した者が多かった。

4-3　「女子力」という言葉の内容について

「『女子力』という言葉が好きか嫌いか」を聞いたところ、図表3のように女性は「好き」「どちらかというと好き」が合わせて35%、「どちらかというと嫌い」「嫌い」が合わせて31%、男性は「好き」「どちらかというと好き」が合わせて33%、「どちらかというと嫌い」「嫌い」が合わせて16%だった。とくに男性は51%が「興味がない」と答えている。それに対して女性は、当事者として意識もしている分、好き嫌いも大きく分かれた。

図表3　「女子力」という言葉が好きか嫌いか

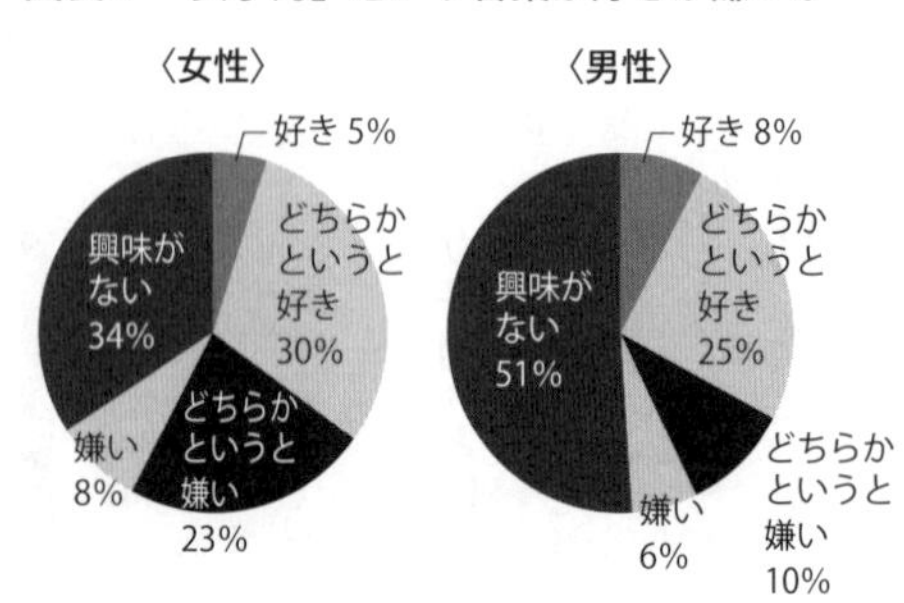

図表4　「女子力」という言葉において
内面と外見どちらを重視するか

	外見	内面
全体	21%	79%
女性	27%	73%
男性	13%	87%

「『女子力』という言葉において内面と外見どちらを重視するか」を聞いたところ、図表4のように、男女ともに「内面」を選んだ者が多かったが、女性のほうで「外見」を選んだ割合が高かった。

「『女子力』が高いと聞いてイメージすることは？（あてはまるものすべてに○）」と聞いたところ、図表5のように、男女合わせると「家事」「服装」「メイク」「髪型」「マナー」などが多かった。男女別に見ると、最も多いのは女性で「メイク」「服装」であるのに対して男性では「家事」となった。これは、前掲の「女子力」を内面外見どちらで重視するかという設問の結果と関わって、女性がより外見を重視している傾向を表している。

「女子力が高いと聞いてイメージすること」の「その他」として自由回答を求めたところ、次のような回答（抜粋）となった。*5

図表5 「女子力」が高いと聞いてイメージすることは？

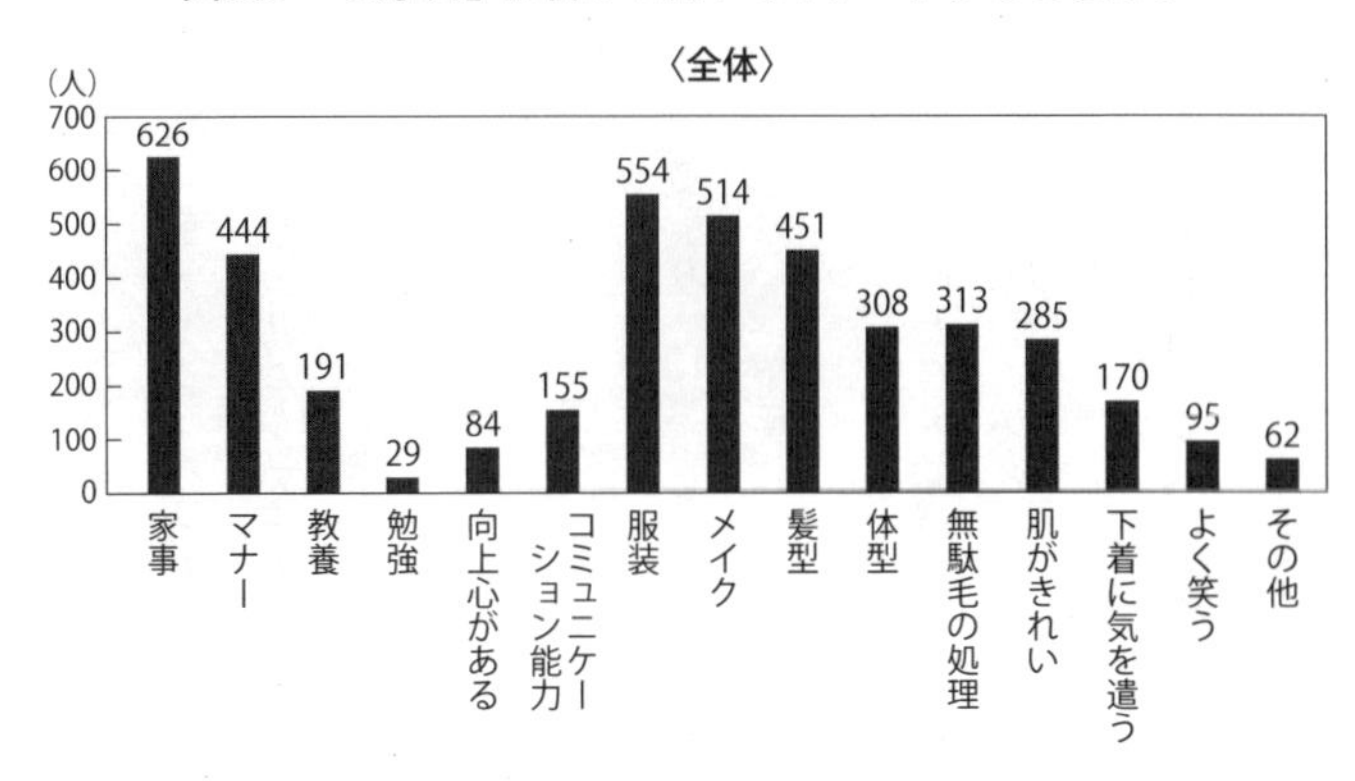

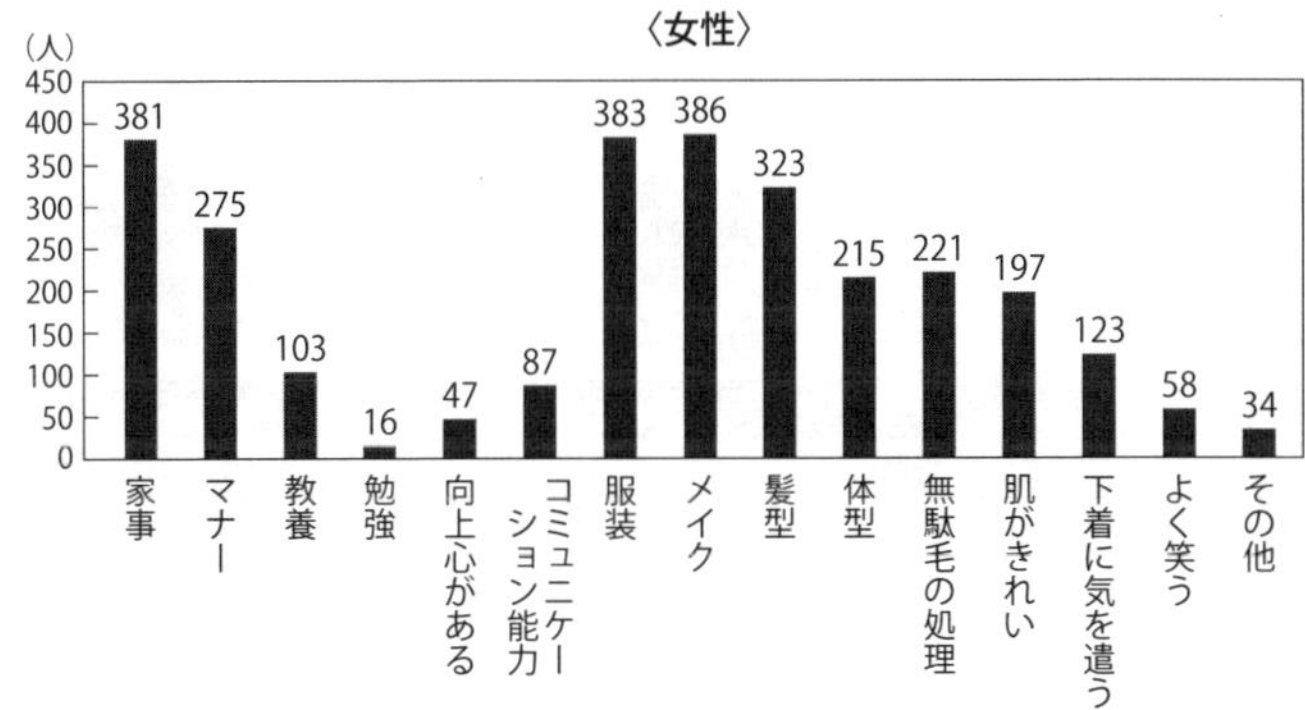

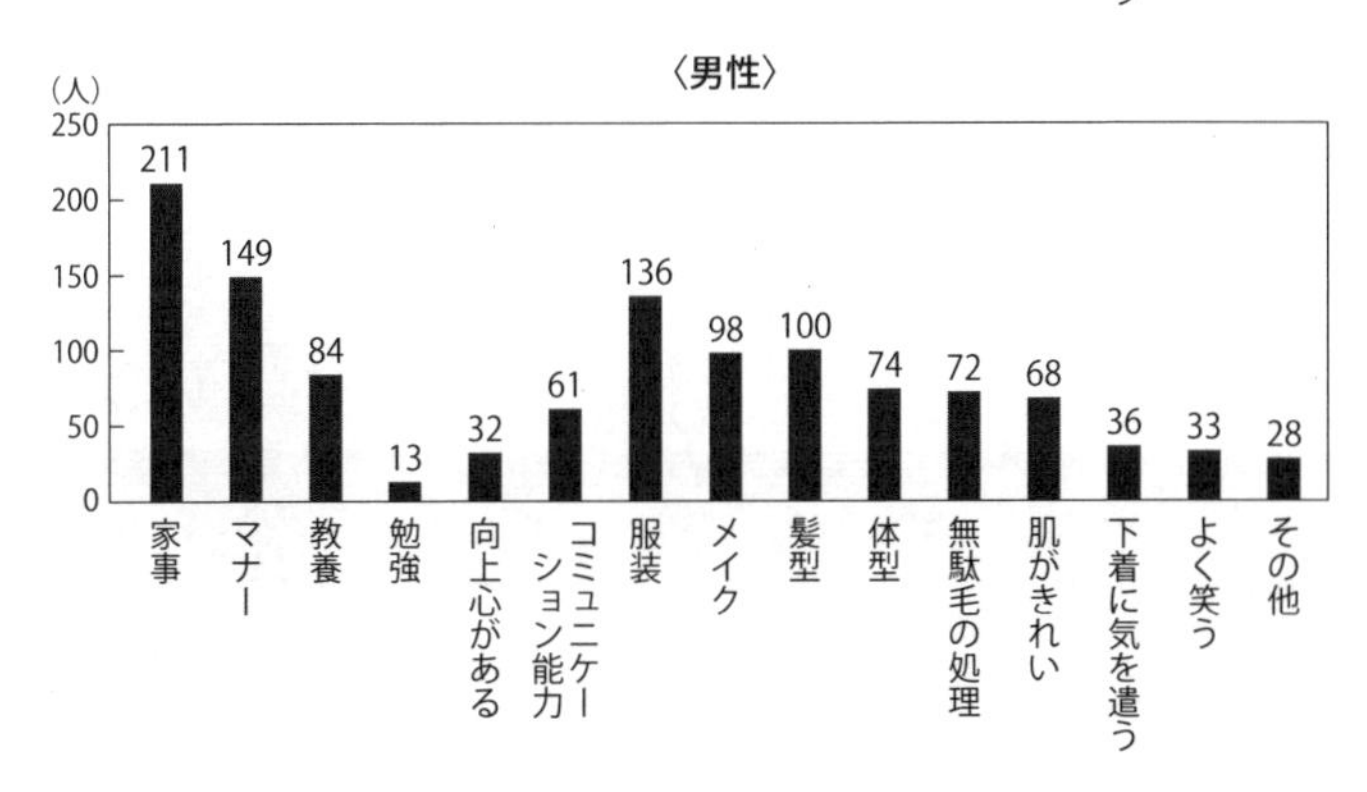

〈女性〉
行動：気配り(15)、言葉使い(3)、字がきれい、料理のとりわけ
持ち物：ティッシュを持ち歩く(4)、絆創膏を持っている(3)、ハンカチをもっている(2)
性格・感性：センスが良い、性格を磨く、明るい性格、花が好き、優しさ、子供の面倒見が良い、小さくて弱いものを守る母性
家事：お菓子作り(2)、料理ができる、掃除ができる、裁縫、アクセサリー作り

〈男性〉
行動：気配り(13)、しぐさが女子っぽい、金遣いがしっかりしている、女性ならではの力の発揮、過度な化粧をしない、下手に他の女性の真似をしない、ちょっとしたことができる、準備がいい、料理を取り分けてくれる
その他：男性と対等であり女性特有の考えが持てる、興味がない
持ち物：常にティッシュなどを持ち歩く

4-4 「女子力」という言葉の使用について

「あなたは『女子力が高い／低い』といわれたことがあるか」を聞いたところ、図表6のような結果となった。女性の55%が「ある」と答えているが、男性でも29%が「ある」と答えている。

さらに、「ある」と答えた者にのみ、そのように「高い」あるいは「低い」といわれた理由を聞いたところ、次のような自由回答が寄せられた（抜粋）。

〈女性〉

〈高い〉

内面：お菓子を作った（26）、料理をした（22）、料理のとりわけ（20）、ティッシュを持っていた（12）、気配り（6）、絆創膏を持っていた（5）、手芸ができる（5）、お弁当を作った（3）、動作が女の子らしい（3）、家事をした（2）、ウェットティッシュを持っていた（2）、よく笑う、掃除をした、家事ができる、日本ソムリエ協会から発売されているワイン女子本に登場させてもらい活動している

外見：服装に気を使っている（10）、メイクに気を遣っている（9）、ネイル（5）、髪型に気を使っている（3）、身の回りに気を使う（2）、美意識に気を使っている、脱毛、エステに行く

〈低い〉

内面：家事ができない（7）、料理ができない（6）、言葉使いが悪い（4）、雑（3）、行動が老けている（3）、家でダラダラ（2）、行動がおおざっぱ（2）、持ち物（2）、がさつ（2）、休みの過ごし方が残念だった、しぐさが

図表6 「女子力が高い／低い」といわれたことがあるか

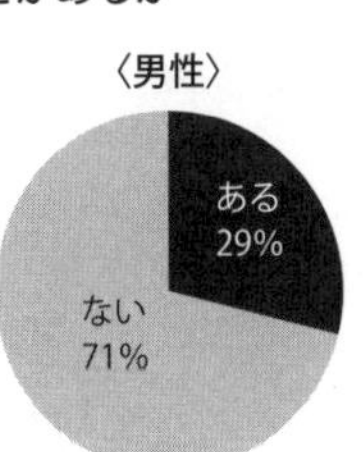

女子っぽくない、めんどくさがり、だらしない、女子大生のイメージとそぐわないことをしていた、粗野なふるまいをした、率先して料理を取り分ける子に対して何もしなかったから、足を広げて座っていた、態度がだらしない、部屋が汚い、ロッカーがぐちゃぐちゃ、マナーがなってない、普段から低さが目に見えているんだと思う、女の子っぽくないと言われた、野蛮、ひもの、食べ方、しゃべり方、しぐさ、生活態度、何でもはっきり言う、男勝り、マナー?、イメージ?

外見：メイクをせずに外出した(14)、服装(8)、外見に気を使っていない(4)、ファッションに興味がない、女の子っぽい格好をしていなかった

〈男性〉

内面：料理(14)、家事(6)、気配りができていた(5)、お菓子作り(3)、ばんそうこう(3)、料理のとりわけ(3)、部屋の掃除、救急セットをもっていた、手鏡、櫛を持ち歩いていた、いろいろ入っているポーチを持っている、小物作り、オネエっぽくしていた、子供の扱いがうまかった、ラスト一個に弱い、マナーが身についているから、冗談で

外見：肌がきれい(2)

「『女子力』という言葉で、人を評価することについてどう思いますか」と聞いたところ、図表7のような結果となった。男女ともに「どちらでもない」が最も多く、「女子力」という言葉をとりたてて意識せ

ず使っていることがうかがえる。
また、関連して、「よい」「悪い」と思う理由を聞いたところ、下記のような自由回答があった（抜粋）。

〈女性〉
〈よい〉
女性らしさの向上になる（10）、褒め言葉（5）、努力することに意義がある（4）、客観的評価の一つ（2）、言われたらうれしい（2）、目指すものができる（2）、女子力が高い人は努力をしている、向上心を持っている、頑張っている証拠、努力した人を評価しているから、女子力がすべてではないが女性らしさを表現するのに便利、女性として女子力が高いほうがすてき、女性らしさは大切、意識が高まる、皆きれいになる、女子としてのやるべきことが身に着くことはいいこと、自分で稼いだお金で自分を磨いておりお金をかけてない人のひがみ、ただのコミュニケーションツール
〈悪い〉
人の良しあしは女子力だけではない（21）、価値観の押しつけに感じる（11）、その人の個性を重視すべき（3）、男女差別に感じる（2）、男性に都合のよい女性を作るための手段として利用されている側面があると感じ

図表7　「女子力」という言葉で人を評価することについてどう思いますか

〈女性〉
よい	悪い	どちらでもない	わからない
11%	26%	48%	15%

〈男性〉
よい	悪い	どちらでもない	わからない
18%	22%	43%	17%

る、女子だけに必要な能力ではない、ジェンダーバイアス、少し差別しているように聞こえる、ジェンダー的な問題がある、女子力＝作り上げたもの、男性の心理をコントロールするというイメージ、「女子力」が高い＝男にこびているイメージ、家事能力について女子力という言葉で表すとまるで男性は家事を一切しなくても良いかのように感じる、女子力に当てはまらない女子はあたかも女子ではないような気分を抱かせるおそれがある、なんでそんなことにみんな振り回されてるのかわからない、馬鹿にされている、女子なのに低いといわれるとけなされている感じがする、人間力のほうが大切、外見だけの評価のよう、ボーイッシュな女性もいていいと思う、個性を女子「力」として能力化してさらに対象を「女子」に限定している

〈どちらでもない〉

人それぞれ（11）、関心がない（11）、定義があいまい（10）、時と場合による（7）、コミュニケーションをはかるための言葉（5）、女子力とは評価する言葉ではない（4）、そこまで深い意味はない（3）、褒め言葉で使われる分にはいい（3）、基本的にほめている（2）、良くも悪くもない（2）、便利な言葉、安直だとは思うがそれなりに浅い気持ちでの評価でしかない、本気で「女子力」という言葉で人を評価している人はあまりいないと思う、冗談で言っていることが多い、友人同士のコミュニケーションの一環なら問題はない、流行、「女子力」はたいした能力じゃないと自分は感じている、女性だけに求められるものではない、自分自身嫌な気はしない、差別にもつながる、重視する人たちは「女子力」を使えばいい、女子力が低い人からすればどうでもいいこと、少し前までは嫌だったが今は慣れた、だらしないなどよりも女

子力が低いと言った方がニュアンスに刺がなく便利、内面的な判断についてのみいい、いい評価としてつかうならいい、男子力もあっていい、女子力=女性らしくあらねばというプレッシャーを感じる、女子としてはほめられればうれしいが家事が得意な男子が言われるといやかも知れない、男っぽくなりたい人もいると思う、言われたらうれしい言葉ではあるがのんびりしたいときに「女子力ない」といわれると腹が立つ、あまりその言葉にとらわれたくない、あまり過激になることでもない

〈男性〉

〈よい〉

悪い言葉ではない、プラスなイメージだから、高くて悪いことはないと思う、それによって女性が努力する、より気を配ろうという向上心が養える、女子力という言葉があるから頑張れる、少しでも女子の地位向上につながると思う、ほかの言い方より丸い感じがする、一つの指標としてある程度明確化されていてわかりやすい、評価基準のひとつだから、女子力とは言っても人の内面性を評価することだと思っているので特に問題はないと思う

〈悪い〉

女子力以外でも評価すべきところがある(6)、男女のジェンダー問題、女子力と言って女子を強調するのは良くない、マイナスイメージがついている気がする、「女子力」という言葉にあまりいいイメージがない、気品が感じられない、女子という言葉が気持ち悪い、感じが悪い、女子力で一括りにすること自

体ダメ、定義が曖昧、考えが属人（?）的で共有できていない、人間力の方が大事、「女子力」が高いからいいというのは一つの価値観にすぎない、画一化される、人は個性によりけりだから、「女子力」という固定化された概念で人を区別するのはよくない、なんとなく、女子力の高低で差別されるかもしれない、どうしても外面で判断されがちであるため

〈どちらでもない〉

定義が確立していない（9）、興味がない（6）、とくに悪い意味はない（2）、まじめな評価でなくネタとして使っている、軽いノリで使われる言葉、女子力にウェイトを置いていないので会話のネタとして使うだけだから、ただの流行、結局はマスコミの作った言葉でしかない、評価というほどこの言葉に重きを置いて使っている人はほとんどいないと思う、気にしていない、外見を指していうなら個人の趣味で内面ならば「人そのものの気質」であって男女共通の話だと思う、女性らしさというより家事のできる出来ないだと思う、良いとは思わないけどただ何かをしたときにその言葉を用いるだけで評価まではしてない、たまに人を傷つけてしまう、儒教みたいなものでは、女はおしとやかにみえるが女子力を上げるために日々戦っているから

〈わからない〉

人によって受け止め方が違う（2）、興味がない（2）、内面を女子力というくくりだけで評価できるとは思えないから、本当に人を評価するときには使われないから、定義がよくわからない、ただのメディアの話題作りだと思うがよくわからない、女子力が高いということを女子がどう理解しているのかわからな

い、女子という年齢じゃない人にもこの言葉をつかうのかが不明、男性はあまり影響はないが女性はあると思う、いわれた事がない

「『女子力』が高いと有利になると思うものがあれば最大3つまで選んでください」と聞いたところ、図表8のような結果となった。多い順から「恋愛」「男性に対する人間関係」「結婚」となり、男女でこの順番に違いはなかった。

「女性が『女子力』をあげようとすることについてよいと思いますか」と聞いたところ、図表9のように、「思う」「どちらでもよい（興味がない）」がほとんどで、「思わない」はわずか2%だった。前掲の「女子

図表8　「女子力」が高いと有利になると思うもの

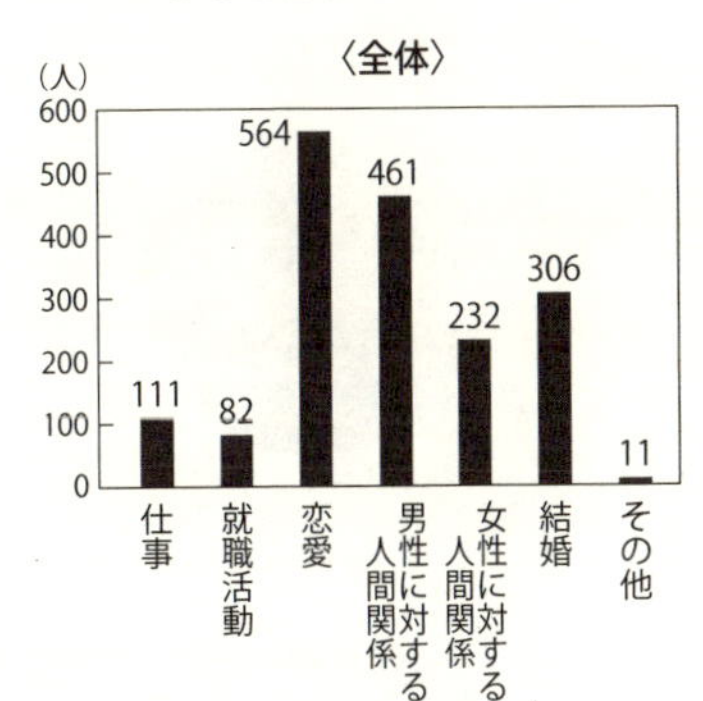

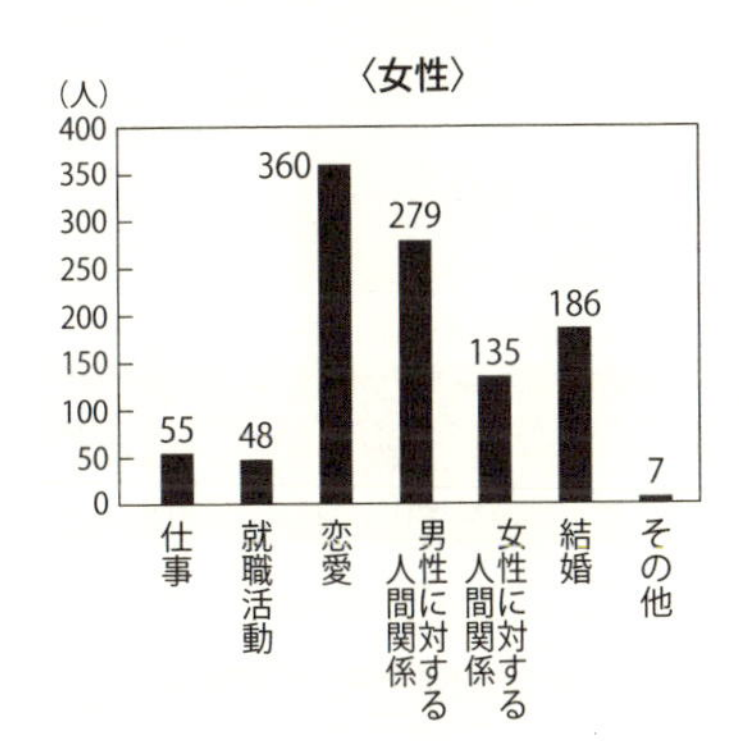

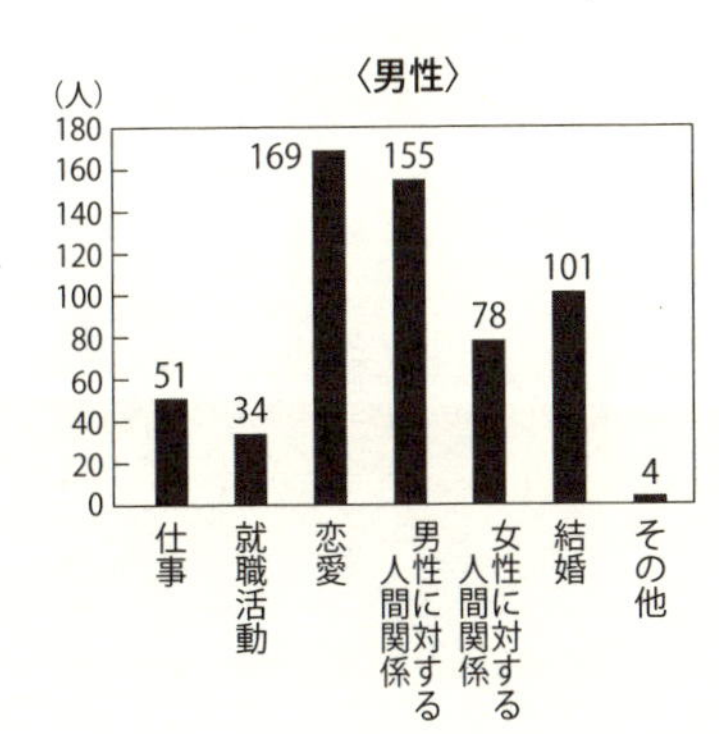

力」で評価することの是非について聞いた結果より肯定的な回答が多い。これは、「女子力」を一般的に評価の物差しとして考えるときと違い、女性によって自発的に努力されるものとして考えるとき否定できないものとして受け取られているということだろう。

さらにその理由について聞いたところ下記のような自由回答が寄せられた（抜粋）。

図表9　女性が「女子力」をあげようとすることについてよいと思いますか

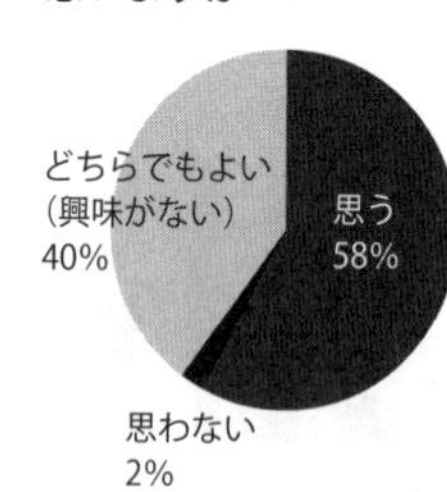

〈よいと思う〉

向上心があるのはいいこと（17）、自分を磨くことはいいこと（16）、美を追い求めることはいいこと（8）、低いよりも高いほうがいい（6）、女性として女性らしくいることはいいこと（6）、悪く働くことはないと思う（5）、教養やマナーが身に付くなどその人にとってプラスになる（5）、努力することはいいこと（4）、将来的に役立つと思う（3）、「女子力」に限らず自分を高めようとすることだから（3）、いつまでも綺麗でいたい（3）、好まれるのでは（3）、「女子力」には料理など一人で生活するのにも必要な技術が含まれているからあって損はない（2）、素敵な女性になるように努力している姿がすてき（2）、女性としてだけでなく人間性の向上にもつながる（2）、かわいい人が増える（2）、「女子力」の指すもの自体はよいものだから、自分をよりよく改善できるから、自分の能力の向上だから、物事において前向きになれる、努力しない人より、どんな形であれ努力している人のほうが好感が持てる、人の内面的向上は良い事だから、頑張ることや一生懸命な人は素敵だから、女性が女性らしさを求めるのは女性として普通、良い女になるよう普段から意識するのはいいことだから、「女性らしさ」のレベルが上がるため、女らしくなりたいと思う人はかわいい、社会からの圧力でもある「女性らしさ」を納得して受け入れ自分に落とし込もうとするのはえらい、男性から見ると「女子力」が高い女性は魅力的であり自分の魅力を上げることは良いことだと思う、「女子力」が高い子は好きだから、女性がみんなきれいになるのはいいことだから、男らしく雑な女性が多いから、女子が女子らしさを増すことはいいこと、清潔さを保てる、下品な言葉遣いな子が減る、人並みに家事はできてほしい、家庭的な人が増える、草食系男子が増えている中でこれからの中心になるのは女子だと思う、日本中にマナーのついた人が多くなる

〈よいと思わない〉

人の良しあしは「女子力」だけではない(24)、個性を認めていない(13)、価値観の押しつけに感じる(5)、外見を判断しがち(2)、自分の価値観と異なる、「女子力」にあてはまらない女子は女子でないのか、男性に都合の良い女性をつくる手段、「女子力」という言葉はバカにしてる面もある、「女子力」は外見を判断することが多く料理のとりわけ等必ずしも「女子力」だと思わない

〈どちらでもよい(興味がない)〉

「女子力」が高い人がよいと限らない(9)、「女子力」の定義がわからない(4)、無理にあげなくてもよいと思う(2)、「女子力」をあげることよりも大事なこともある(2)、決まった基準がないので変に化

粧などに力を入れると逆効果、「女子力」のとらえ方は人それぞれだと思うから、具体的目標として意味がないから、向上心を持つか否かは人の選択の自由　むしろ「男性が『女子力』をあげる」ことについての問いがないことが気になる、「女子力」はジェンダー問題とかかわってくると思うから、「夫は仕事　妻は家事」のような「女はこうあるべき」と言われている気がする、「女子力」を気にしなくてもそれなりに充実した生活はできる、自分には関係ない人を「女子力」では見ない、人間力の方が大切、「女子力」＝気が利くというイメージだが気が利いても利かなくても問題じゃない、「女子力」よりもじぶんの仕事ややりがいのある人生を大切にしたい、サバサバしていて男っぽい性格や外見であっても大切なのは中身であるから、上げようとして上がるモノなのか?、意識して上がるものではなく内面からのものだから

「未婚／既婚者それぞれに対し、求められる『女子力』は違うと思いますか」と聞いたところ、図表10のように「思う」より「思わない」が多かった。

「思う」と答えた者に、未婚と既婚でどのような違いがあると思うか聞いたところ、次のような自由回答が寄せられた（抜粋）。

外見的なこと：外見（10）、自分自身の問題（6）、かわいらしさ（3）、おしゃれ、異性に愛されるための力、人を引き寄せる魅力、女性社会の中で重視、人間関係、男性に対して

内面的なこと：家事（11）、内面（10）、恋愛と結婚で求められるものが違うと思う男をとらえる手段か

どうか（5）、育児（4）、家庭的であること（3）、生活のスキル（2）、主婦としてのスキル（2）、パートナーに対する問題（2）、家庭的かそうでないか（2）、ママ付き合い、母親としての家族に対するふるまい、妻や母として家族を支えていく力、異性に尽くすための力、家を持つ「女子力」、「女性」より「人間」としての力、大人っぽい、落ち着いている、夫や夫の周りの人に対して、結婚しているかいないかで意識が違う深度が違う、社会的経験（特に仕事上の）、時間の少ない中でどう自分を磨いていくか、ずっと一緒にいたいと思わせる力

既婚者に「女子力」は求められない：主に未婚者に使われる（5）、そもそも既婚女性に「女子力」は求められない（2）、求められるのは「家庭力」とか「結婚力」だと思う

図表10　未婚／既婚者それぞれに対し，求められる「女子力」は違うと思いますか

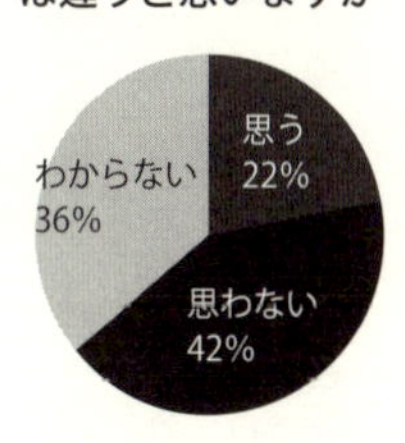

図表11　年齢によって，必要とされる「女子力」は違うと思いますか

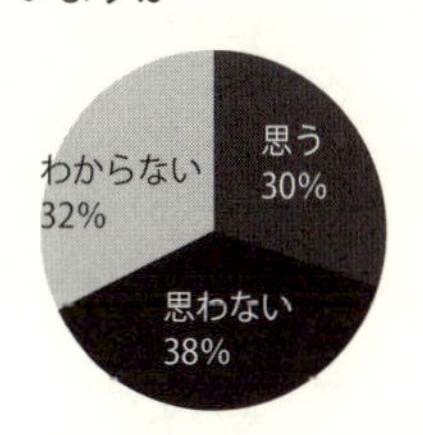

「年齢によって、必要とされる『女子力』は違うと思いますか」と聞いたところ、図表11のように「思わない」がやや上回った。

さらに「思う」と答えた者に年齢によってどのような違いがあるか聞いたところ、次のような自由回答が寄せられた（抜粋）。

若い人：見た目、お菓子作りやお化粧、ファッション等
若くない人：女性・婦人らしさ（2）、配慮がある、周りへの思いやり、人間としての魅力、内面、家事、面倒見の良さ、母親としての力、気配り

年齢を重ねると必要なものが増える：年をとると外面だけでなく中身も伴わなければいけない（11）、年齢層が高いほど家事など実践的なものが必要になる（4）、年をとればよりハードルが上がっていく（料理はできて当たり前など）（2）、年をとるにつれてさらに気を使えるようになったほうがいい、気配り見た目のかわいさから家事ができるかに変化、若者は容姿のみ20代から上は容姿と作法、マナー、他人にできる気遣いレベル、10代・20代は若さで乗り切れるけど30代を過ぎると教養が必要、無理に若づくりとかせずにその年齢に合ったファッションや化粧・マナーなどが身に付いているかどうかも必要とされる

周囲の環境に合わせる：年齢によって社会が求めるものが違う（年相応）（39）、周囲の環境（5）、社会的経験（4）、外見・話し方は年齢によりかえる必要あり、20代は結婚・仕事30代は育児などそれぞれのライフワークがある、男性から求められるものが違うと思う、年齢によって恋愛の仕方がちがうから、結婚力との関係、三十路は必死、若い時は結婚のためそれ以降は家事のため、若づくりとおしゃれの違い

「女子」を適用すべきではない：一定以上の年齢になると女子と言えない（10）、年齢が高い人が「女子力」と言っているのは若作りしているみたいでイタイ、40過ぎのＢＢＡが「大人思春期」とか言って「カワイイ」ファッションしてるのは見ていて痛々しい

「あなたは、何歳の女性まで『女子』という言葉を使用できると思いますか」と聞いたところ、図表12のように「20代前半」「20代後半」と答えた者がほとんどだった。前掲の「年齢によって、必要とされる『女子力』は違うと思うか」という設問への回答結果と併せて考えると、「女子力」とは多くの者にとって一定の具体的な内容をもっており、「若さ」と必然的に結びつけてイメージされているといえる。

「あなたは、女性の社会進出は進んでいると思いますか」と聞いたが、これは女性の社会的地位に関してどのように捉えられているかを探った設問である。結果は図表13のように進んでいると「思う」者が78%と多かった。

図表12　何歳の女性まで「女子」という言葉を使用できると思いますか

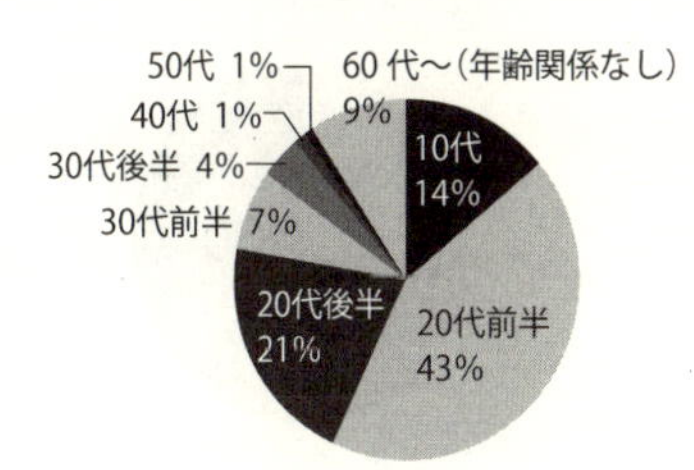

図表13　女性の社会進出は進んでいると思いますか

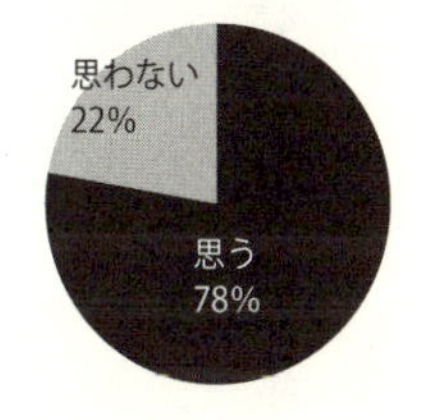

図表14　女性の社会進出が進んでいるのはどのような点ですか

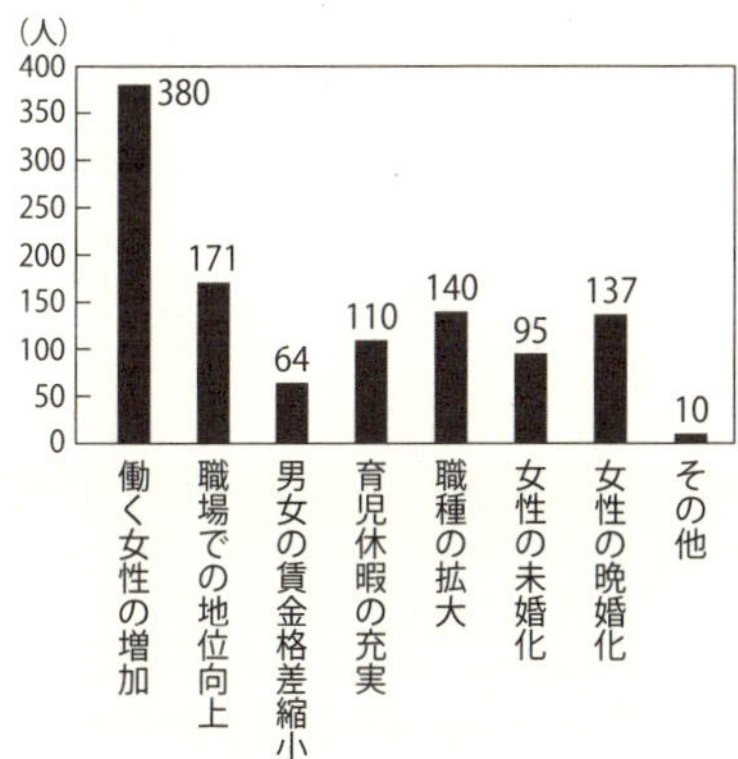

図表15　女性らしくあるために，周囲から「女子力」を高めることを求められていると感じますか

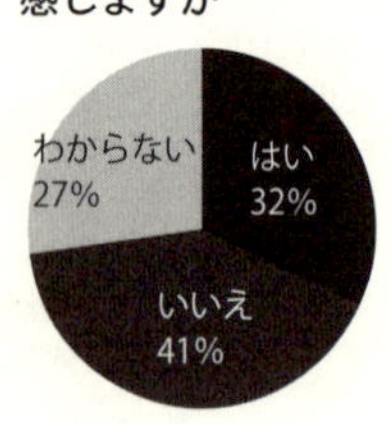

図表16　「女子力」をあげるためにしていることはありますか

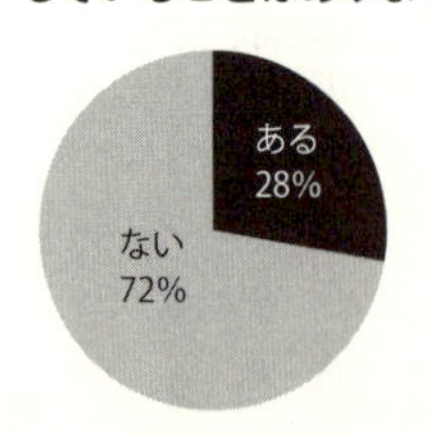

「思う」と答えた者に「それはどのような点ですか。あてはまると思うものすべてに○をつけてください」と聞いたところ、図表14のような結果となった。「働く女性の増加」を挙げている者が多いが、その「働き方」の内容にまでは踏み込んでいない。

「あなたは、女性らしくあるために、周囲から『女子力』を高めることを求められていると感じますか」と聞いたところ、図表15のような結果となった。「いいえ」が多いものの、32％が「はい」と答えている。

「あなたは、『女子力』をあげるためにしていることはありますか」と聞いたところ、図表16のように「ない」が73％と多かった。

「ある」と答えた者に、具体的に何をしているか聞いたところ、下記のような自由回答が寄せられた（抜粋）。

外見：メイクに気を使う（30）、ファッションに気を使う（26）、ダイエットをする（11）、身だしなみに気を使う（9）、肌に気を使う（6）、髪型に気を使う（4）、無駄毛処理（4）、ジムに通う、エステにいく（2）、眉毛の形にこだわっている

持ち物：かわいいものを持つ（3）

図表17 「女子力」をあげるために参考にしているもの・人・媒体はなんですか

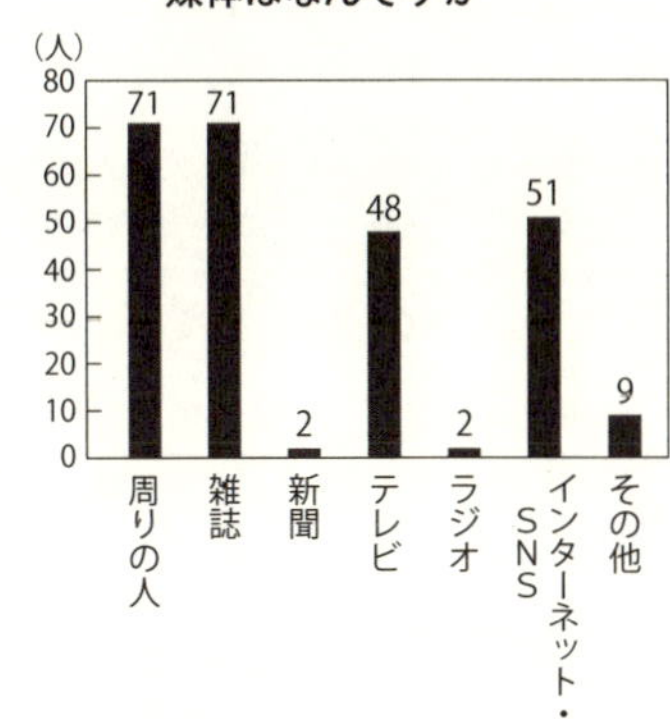

図表18 同じ価格で「女子力」アップを宣伝している商品とそうでない商品があった場合，どちらを購入したいと思いますか

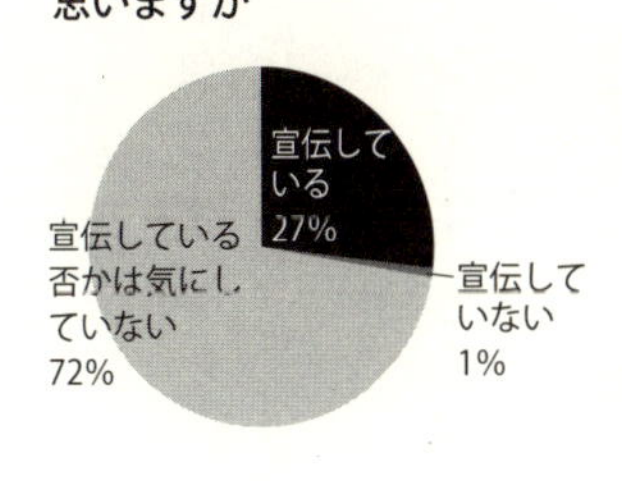

教養・マナー：すわり方（2）、マナー（2）、読書、四季を知る、勉強、もうひとつ言語を勉強する、政治、経済、文化等の興味関心を抱く

家事：料理（14）、家事・家事手伝い（6）、片づけ（2）、料理教室（2）、お菓子作り（2）

行動：言葉づかい（7）、雑誌を読む（6）、気配り（3）、行動（2）、静かにする、怒らない、よく笑う、謙遜、出しゃばらないように、人間関係に関心を払っている、早起き、お湯に浸かる、流行のチェック、清潔感、異性の前だけでなく、いつでも身だしなみや言葉遣いをきちんとするように心がけている、自律した行動を意識している、自分のことは自分でこなす、男性の前では「女性らしく」ふるまうようにしている、「女子力」ゼロではなくマイナスと言われないように、おっさんぽい行動は控えている

関連して、「そのために、参考にしているもの・人・媒体はなんですか（あてはまるものすべてに○）」と聞いたところ図表

17のように「周りの人」「雑誌」「インターネット・SNS」「テレビ」が並び、多様な情報源から摂取していることがわかった。

「同じ価格で『女子力』アップを宣伝している商品とそうでない商品があった場合、あなたはどちらを購入したいと思いますか」と聞いたところ、図表18のように「気にしない」と答えた者が多かったものの、25％が「宣伝している」ほうを購入すると答えたのは注目される。

5　アンケートから見る「女子力」に関する考察

5-1　「女子力」使用の実態

アンケート調査からは、「女子力」は意味が多岐にわたり、文脈によってさまざまに使われていることがわかる。また、女子力という言葉を使用することに対しては反対も多いが、「冗談の延長」とみなされがちなため正面から批判もしにくい、あるいは分析や批判の対象とはならないものと認識されている様子が見てとれる。

だが、改めて使用の実態を見ると、「女子力」はその文脈性や多義性とともに、固定的なジェンダー規範によって構成されている。全体の約8割が内面に「女子力」を見出しているが、その内面性の内容は自由回答で見られるように日常的な身体のあり方、コミュニケーションのあり方を問題にしている。料理や家事から始まり、持ち物や性格、コミュニケーションのスタイルと身体性の細部にまでいたる視線が張り巡らされている。たとえば「部屋が汚い」「休日に家でダラダラ」していると「女子力」が低いことになるなど、ひとりでいるときにも管理される身体性が浮かび上がる。

一方で、「女子力」の主要な内容は家事能力および服装やメイクなどの外見の美、マナーなどと認識されている。「内面」に重きがおかれていることと矛盾するようだが、これは、「女子力」とは家事や外見の向上のために努力することにあると認識されていると考えれば矛盾しない。つまり、女子力とは結果を得られなくても、努力すること自体に価値があるものなのである。たとえば女子力の高さと「生まれながらの美人、美貌」はイコールではない。美や家事能力の向上を目指して日常的に自発的に管理されようとする心身のあり方、内面性が「女子力」なのだ。

これは、あらゆる社会構成員に、トップを目指して競争に邁進することを要請するネオリベラリズムの思想を体現した語彙だといえないだろうか。そういう意味で「女子力」はポスト近代型能力の代表例だとみなせる。

ところで、29％の男性が「女子力が高い／低い」といわれたことがあると回答しているように、「女子力」は男性に対して用いられることもある。これは、従来の「女らしさ」や「男らしさ」という言葉が対象の性別と逆に言及される場合、肯定的な意味をもちにくいことと比較して考えれば、興味深い点である。「女らしさ」「男らしさ」は自然にもたれる生物的なものと認識されていたのに対して、「女子力」という言葉は人工的に努力して後天的に身につけられるものと認識されているためであり、これも上記のように「女子力」が競争のための一つの武器のように感受されていることを示している。

また、「女子力」は向上させることによって「恋愛」や「男性との関係」「結婚」などで有利になると考えられており、基本的にヘテロセクシュアルな「男性」中心的価値観の中にある。ただしセクシーであることや性的に積極的であることといった性的含意よりも「家事」という無償労働的側面が大きい。自由記述で「女性が頑張るのはよいこと」といったものがあったように、女子力という言葉における女性性への肯定と秩序意識も見てとれる。「女子力」は「女性が輝く」等女性を肯定、鼓舞するメッセージでもあるため、フェミニズム的な価値観と混同されやすい。だが、回答からは主観的認識としてはフェミニズムについての記述は明示的にはほとんど見られず、フェミニズムというものの存在は大きくは意識されていないようである。

総じて、「女子力」の使用実態からは、ジェンダー規範と能力主義の結合が浮き彫りになる。「女子力」という言葉は、ポストフェミニズムの日本における存在を表現している

5-2 「女子力」とポスト・フェミニズム

ここでアンケート調査の結果を先行研究に照らして考察してみよう。

三浦は、ポストフェミニズム社会において「プリキュア的なグローバルなエリート女性労働者」が前面化されるのに対して、主婦的女性労働者は隠蔽され不可視化されると論じた。だが、日本社会の「女子力」言説においては、いまだに、主婦的女性のあり方が中心的に権威化、標準化されているという特色がある。つまり、主婦的女性のあり方はまだ不可視化されていない。それどころか新たな意味合いを帯びて

再登場していると捉えることも可能だろう。あるいは、エリート層の女性労働者に体現されるグローバルな女性主体と、一般の専業主婦的女性労働者とを微妙につなぐものとして「女子力」を考えることもできる。人びとの孤立の進むネオリベラル社会における「絆」や秩序の回復として期待されているということもできるだろう。

米澤らの議論について考えると、「女子力」の使用実態からは「良妻賢母規範からの解放」という意味は見られず、むしろ「新たな良妻賢母規範」として「女子力」という流行語が使用されている可能性が高い。年齢との関係についても「女子力が年齢・世代を超える」という点は合致せず、逆に若さと密接に関連づけて使用されている。

「良妻賢母規範」を家庭にとどまらず職場をはじめとする公的領域において主体的に戦略的に発揮しようとする新しい「女性性」が編み出されている。これは、新しいジェンダー・セクシュアリティ秩序の再編の一端と考えうる。

6 最後に

本章では、「女子力」の使用実態を通して、日本におけるポストフェミニズムの展開について探った。「女子力」が、能力主義的・主体的な新しい要素と、古典的なヘテロセクシュアルな要素の両面をもつジェンダー規範であることを論じた。

日本社会においてもポストフェミニズム論の視点は有益な示唆を与えてくれるだろう。階級とナショナリズムやレイシズムが入り組んで展開するネオリベラリズムの中で、ジェンダーはどう位置づけられるのか今後も検討が必要である。

【注】

＊1 「女子力」は2009年に『ユーキャン新語・流行語大賞』にノミネートされている。

＊2 竹村和子編（2003）はポストフェミニズムを冠しているが、そこでの同語の定義は、1980年代の用いられ方を受けて考えられているように解される。

＊3 報告書中の表現を一部修正して掲載する。

＊4 自由記述内の数字は、類似の回答をまとめた合計数である。

【文献】

馬場伸彦・池田太臣編（2012）『「女子」の時代！』青弓社

Budgeon, Shelley (2011) "The Contradictions of Successful Femininity", Rosalind Gill, Christina Sharff eds., *New Femininities*, Palgrave

Duggan, Lisa (2003) *The Twilight of Equality?*, Beacon Press

ファルーディ、スーザン（1994）『バックラッシュ――逆襲される女たち』伊藤由紀子・加藤真樹子訳、新潮社（Faludi, Susan, *Backlash*, Crown, 1991）

Fraser, Nancy (2009) "Feminism, Capitalism and the Cunning of History", *New Left Review* 2:56 March/April =

（２０１１）「フェミニズム、資本主義、歴史の狡猾さ」関口すみ子訳、『法学志林』第１０９巻第1号
Gill, Rosalind (2007) "Postfeminist media culture", *European Journal of Cultural Studies* 10 (2)
ハーヴェイ、デビッド（２００７）『新自由主義――その歴史的展開と現在』渡辺治監訳、作品社（David Harvey, *A Brief History of Neoliberalism*, Oxford University Press, 2005)
本田由紀（２００５）『多元化する「能力」と日本社会――ハイパー・メリトクラシー化のなかで』ＮＴＴ出版
菊地夏野（２０１３）「大阪・脱原発女子デモからみる日本社会の（ポスト）フェミニズム――ストリートとアンダーグラウンドの政治」ひろしま女性学研究所編『言葉が生まれる、言葉を生む』ひろしま女性学研究所
――（２０１５）「ポストフェミニズムと日本社会」河野・越智編（２０１５）
河野真太郎（２０１５）「学習社会とポストフェミニズム――『リタの教育』における終わりなき成長」河野・越智編（２０１５）
河野真太郎・越智博美編（２０１５）『ジェンダーにおける「承認」と「再分配」――格差、文化、イスラーム』彩流社
Mcrobbie, Angela (2009) *The aftermath of feminism*, SAGE
三浦玲一（２０１３）『ポストフェミニズムと第三波フェミニズムの可能性』三浦・早坂編（２０１３）
三浦玲一・早坂静編（２０１３）『ジェンダーと「自由」――理論、リベラリズム、クィア』彩流社
名古屋市立大学人文社会学部現代社会学科調査実習菊地班（２０１４）『２０１３年度調査実習報告書第2分冊　社会現象としての「女子力」』名古屋市立大学
Rosenfelt, Deborah and Stacey, Judith (1987) "Review Essay: Second Thoughts on the Second Wave", *Feminist Studies* 13, no. 2 (Summer)
竹村和子編（２００３）『〝ポスト〟フェミニズム』作品社
田中東子（２０１２）『メディア文化とジェンダーの政治学――第三波フェミニズムの視点から』世界思想社

渡辺治（２００７）「日本の新自由主義――ハーヴェイ『新自由主義』によせて」デヴィッド・ハーヴェイ『新自由主義――その歴史的展開と現在』渡辺治監訳、作品社
米澤泉（２０１４）『「女子」の誕生』勁草書房

【付記】

２０１３年度調査実習（菊地班）の受講生に感謝する。「女子力」等の流行語の使用について貴重な知見と経験を教えてもらった。

第5章　脱原発女子デモから見る日本社会の（ポスト）フェミニズム

――ストリートとアンダーグラウンドの政治

1　社会運動とジェンダーの現在

本章では、社会運動の領域でジェンダーやセクシュアリティの秩序と抵抗に、どのような変化が起きており、そこから何が見えてくるのか考察したい。

ジェンダーやセクシュアリティは、個人や社会を構成する力の中でも、最も根底的で、強力なものの一つである。とりわけ、社会運動の現場で、ジェンダー・セクシュアリティあるいはフェミニズムはどのようなものとして捉えられているのかを検討する。3・11以降、原発や放射能汚染の問題をめぐって、これまでになく活発にさまざまな運動が展開された。その中で、ジェンダーやセクシュアリティはどのように認識され、あるいはされていないのだろうか。というのは、震災以降揺れ動く日本社会の中で、ジェンダーやセクシュアリティに関わる秩序も揺れ動いていると考えられるからである。なかでも社会の変動を表現すると思われる社会運動において、普段は潜在化しているジェンダーやセクシュアリティの秩序やそれに対する抵抗が浮かび上がると予想される。

本章は上記の問いについて、２０１１年12月11日に大阪で行われた「女子デモ!?だれデモ！」（略称、女子デモ）を取り上げ、検討する。

ここで、毛利嘉孝の提唱する「ストリートの思想」を取り上げたい。これは、２００３年イラク戦争反対運動をきっかけに活性化した若者の新しい政治運動を指しており、ほかにもサウンドデモの定着やフリーター、非正規労働者の運動等を念頭においている。ストリートの思想は、１９９０年代に影響力を失った左翼や伝統的な知識人の代わりに、「ミュージシャンやＤＪ、作家やアーティスト、あるいは匿名性の高い無数の運動を組織するオーガナイザー」（毛利　２００９：１７７）などによって担われている。

しかし、ストリートの思想において女性はどこに存在するのだろうか。また、ジェンダー的な問題意識は存在しているのだろうか。「ストリートの思想」は資本や国家に抵抗するものであり、原発という問題はまさにその範疇に含まれる大きなテーマである。ただし脱原発・反原発というストリートの運動について考えるとき、対資本・対国家の側面だけではなく、運動や思想内部にも目を向ける必要がある。対資本・国家だけでなく運動や思想の内部においても、どのように意思決定され、誰がヘゲモニーを握るのかという政治が遂行されるからである。

ストリートは、公共空間の一つであり、伝統的に男性的な領域である。それに対して女性は家庭という私的領域に存在することを推奨される。

だが本章で取り上げる女子デモは、ストリートという男性的領域で、「女子」を掲げて行われた行動である。ストリートに「女子」が出現した際、どのようなトラブルが生じるのか。それは、ポストフェミニズムと関わっているのだろうか。本章では、女子デモを取り上げることで、ジェンダーやフェミニズムのおかれた社会的位置について考察したい。

2 震災／脱原発と「女性」

女子デモの検討に入る前に、震災や脱原発等が語られる中で、ジェンダーやセクシュアリティ、女性に関わる論点がどのように出されてきているか見ていきたい。
震災の後には、被災地の避難所でのジェンダー・セクシュアリティに関わる問題点が指摘された。避難所は基本的に男性中心の男女二元論にもとづいて構成されているため、女性やセクシュアル・マイノリティの視点が周縁化されてしまう実態が報告された（内田 2012）。また、被災地におけるセクシュアル・ハラスメントや性暴力を告発しにくいことも指摘された。[*1]
被災者支援に際して女性の立場を明示する運動体も生まれ、貴重な実践が行われた。その中で、「女性」という立場についてどのように表現されたのかを見ていこう。
東日本大震災女性支援ネットワークは2011年に、「被災地の女性を支援する団体のゆるいネットワーク」として立ち上げられた。サイトでは次のように紹介されている。

1995年の阪神淡路大震災や過去の災害から、女性は災害による被害を受けやすく、緊急避難や復興過程でも、負担が大きくなりやすいことが明らかになっています。／東日本大震災でも、女性たちは、自身のからだの健康、子どもの養育や家族の介護などのケア、身体的・精神的暴力、安全を確保し生活を再建する場としての居住、雇用や補償といった経済的な問題など、人権の根底にかかわる困難を抱えています。／私たちは、特に被災した女性たちの多様なニーズを広く伝えるとともに、それに答える体制をつくるため、2011年5月にこのネットワークを立ち上げました。[*2]

ここでは、女性の「脆弱性」が支援の必要性の根拠とされている。

また、「原発いらない福島の女たち」は、2011年10月27日の経産省前「福島の女たちの座り込み」以降活動を続けている。そのメンバーの女性は、次のように語っている。

「今までどおりの生活ができない　家族と住めない　子どもが危ない」「女は原発いらないぞ　女は世界を変えるぞ」「女は黙っていればいいというこれまでのやり方じゃなく　女だってやれるんだ　女だけでやりよかった」「今まで男社会でずっときた結果ですよね今回の事故　これまでのように男より何歩下がってというのじゃなく前に出ていいんじゃないかと　女性は男性と違って命守るために

はすぐに動く」「今の世の中、男中心主義　会議は全部真っ黒　男ばっかり　書類ばっかり理屈ばっかり　男は後始末を考えないでやっちゃう　原発がいい例ですよね[*3]」

ここでは、女性が原発政策を推進する国家・政府・企業に抗議する主体として設定されている。原発のはらむ問題を「男社会」の帰結として捉え、それに代わるものとして女性に可能性を見出そうとしている。小田原琳[*4]は脱原発運動におけるジェンダー規範に違和を表明している。原発政策を批判する経産省前テントは、「男テント」「女テント」と分けられ、「女テント」では編み物や縫い物など「女らしい」とされる活動が行われていた。

しかし、女たちとともに、女たちのひとりとしてそこにいて、戸惑いを覚えなかったといえば、嘘になる。決して強制はされないけれども、そこでくりひろげられるものは、ふだん私が日常生活の中ではしないこと、あえていえば遠ざけていることであったから。

小田原は「子どもを守れ」「母親を守れ」等の抵抗の言説の中にジェンダー化の力を見出し、それを超える闘いの言葉を私たちは生み出していない、としている。「福島の女たち」等の女性の立場を前面に出す運動は、小田原のいう「ジェンダー化の力」を、戦略的に用いているのかもしれない。だがどちらにしても、これらの運動の基底には性別分業が存在しているのではないだろうか。性別分業により女性中心の運動の存在が守られているといってもいいかもしれない。そして同時にそれらの運動の主張の中には男性中心主義への批判もあり、性別分業とその批判の併存という現状になっている。

一方、関東圏等の狭義の被災地ではないが放射能汚染が懸念される地域でも、女性を中心として放射線計測運動が展開された。それらの運動において「母親」という立場が強調されることがあったが、松本麻里はこの運動を紹介しながら、フェミニズムについて批判している。

おそらく従来のアカデミズムに依拠した「フェミニズム」ではこの日常生活領域での実践を充分に捉えられないのではないかな、と思います。そこには日本のフェミニズムのひきずっている過去の歴史も大きく作用しています。たとえば過去に、日本で反核運動が盛り上がったのは1950年代。それから1970年の終りから80年のチェルノブイリ事故の時でした。その折に、女性が反核・反原子力運動にかかわる主な動機は、「母親」の立場に依拠したものだと、とらえられ過度に表象されてきました。それに対して、女性の個人的自立を尊重するフェミニズムはとても批判的でした。／フェミニズムは、母親という存在を「後進的で自律していない」「子供のことしか考えていないエゴイステイックでヒステリック」な存在とみなすのではなく、日本の女性全般が置かれているジェンダー的偏向や、女性差別全般の問題としてとらえるべきではないかな?と思います。[*5]

ここでいわれている「フェミニズム」や「フェミニスト」が誰であるか必ずしも明確ではないのだが、このインタビューテキストにおいてはフェミニズムが草の根の母親たちの活動を無視、軽視していると批判されている。フェミニズムは高学歴なエリート女性のもので、実践よりも理論ばかり追求しているという問題点が提示されている。[*6]

以上のように、震災と放射能の問題をめぐって提示される「女性」や「フェミニズム」について、異なる評価が錯綜している。女性は災害において「脆弱な」存在だから、女性を中心におく運動が必要なのだろうか？　あるいはそのような「女性」や「母親」を掲げる運動は逆に性別規範や性役割に拘束されているのだろうか？　「フェミニズム」とは、そのどちらかの立場に振り分けられるものなのだろうか？

アイデンティティにもとづく運動構成は必要なときもあるだろう。しかし本章では、それが揺らぐ瞬間に注目したい。揺らぎの中からこそ、そのアイデンティティのもつ意味や可能性が現れ出てくると思うからである。女子デモでは、「女子」アイデンティティをめぐって運動が大きく揺らぎ、「女子」言説とフェミニズムの矛盾する関係性があらわになった。

3　女子デモの経過

中心的に関わったメンバーの4名にインタビュー調査を行った。ひとりずつ各2〜3時間程度かけて、デモへの関わりの様子やそれぞれのこれまでの運動経験等について聞いた。[*7]　インフォーマントに共通する点は、女子デモ以前から、何らかの社会運動に関わっているということだった。全員１９８０年代前半生まれである。ここではそれぞれをA、B、C、Dとして表記する。

A　呼びかけ人　在日韓国・朝鮮人の運動等に参加
B　実行委員に入りきれず　野宿者支援運動等に参加
C　実行委員　部落解放運動等に参加
D　実行委員にはならず　野宿者支援運動等に参加

主催者が作った女子デモのブログには下記のように紹介されている。

２０１１年12月11日（日）、原発いらんデモします！　サウンドデモです。運営呼びかけは女性ですが、当日デモ＋前後のイベントにはどなたでもぜひご参加を!!　途中参加、途中離脱も歓迎です。子どもブロックあり、カフェーあり、デモ当日もいろいろ企画予定。子ども連れの方も参加しやすいよう、集合解散地点は同じ場所、荷物置き場を設置します（デモ中、荷物預かります！）。12時頃〜元町中公園集合（最寄駅：なんば）で集会など　13時45分デモ出発

女子デモの経過について、インタビューで得られた語りを紹介しながら概要を説明したい。

3-1　女子デモを呼びかけた思い

きっかけは、2011年10月16日に「君が代問題」で話し合いがもたれ、後の飲み会で女子デモをやろうという話が出たことだった。「君が代問題」とは、あるサウンドデモ（7・31夏脱原発デモ）で、DJが君が代をかけ、問題になったものだ。在日朝鮮・韓国人を含む主催者や参加者の中から「君が代」の使用について批判が出され、それに反対する側との対立状況となり、お互いの合意を求めて何回か話し合いが行われた。ほぼ最終となったこの飲み会において、一部の参加者の間で女子デモをやろうと盛り上がった。この時点では「女子デモ」という名前で一致していた。

それを受けてAさんがフェイスブック（Facebook）に話し合いの呼びかけを書き込んだ。

明日（10／23）、谷町6丁目……で、カレーを食べつつ、12月にしたいと思っている脱原発（女子デモ改め）誰でもデモのアイデア出し合い会をしたいなーと思っております。ご都合の合う方はぜひお越し下さい[*8]

上記の呼びかけの中にも現れているように、すでに最初の時点から、デモの名前をめぐって揺れ動いていた。その後の開催に向けた話し合いの中でお互いの認識の相違について意識されていく。

Aさんの語りを見てみたい。

けっこうそのジェンダー問題というのはサウンドデモ内にあって　まあ男の人は多かったし　別にそんなセクハラがあったとかはないんですけど　どうしても男の人のりというか酒飲んでわいわいというのはあってそういうのはなあといってたんですけど　Cは「会議は飲み会と別にやってほしい」といったけど取り合ってもらえなかったみたいになっちゃって　（会議と飲み会がごっちゃになることについて違和感はありましたか？）それはねえ両方あるなと思って　そういう場じゃないと来ない人がいるんですよ　そういう人が来れる場になってるなとは感じてたんですよ　そういう人たちは3・11以後デモに来だした人たちなんですけど　だから私はこの運動に責任とれへんと思ってたし　こういうのりを求めてる人たちがいてそういう人たちが運動作ってくのはいいと思ってて　まあいろんなのがあった方がいいと思うから

3・11以降にデモに参加しだした人たちの中で男性というのは一定サウンドデモの中で定着しだしてたんですよ　でも女性はそこにほとんどいなかったんですよ　何人かいるんだけど少なかったんですよ　サウンドデモでできる役割はあると思ってて　だから3・11以降で動き出した人の中で女性ももっとおるはずだと　ただサウンドデモの会議ののりとかは女性は入りにくいというのは私も感じているしとくに子どももってる人とかは夜は絶対無理やし　だからそれやったらそういう人が参加できて運営の側になれるアクションとか場所があった方がええんちゃうかと思ってて　それで女性が主催というのが出たのは理由は私の中ではそれなんですよ

呼びかけ人であるAさんは、「男の人のり」という表現で、サウンドデモ内の「ジェンダー問題」を認識している。そのジェンダー問題とは、明示的な「セクハラ」があったというわけではなく、会議の場所や時間帯、「のり」という意思決定に関わるジェンダーのあり方だった。男性の集まりやすい意思決定のあり方が自然と女性を排除しているのではないかというのが当初のAさんの問題意識だったのである。しかしAさんはそれ自体を否定するのではなく、別のやり方、女性を中心に運営するという戦略を選んだ。Aさんの問題意識は、あくまで意思決定や運営に誰が関わるかというところに力点がおかれていた。

他方、女性中心の意思決定や運営にとどまらず、女性をもっと前面に出す方向性を考えていたのがCさんである。

その年の5月くらいにスラットウォーク[*9]の話題がネットでも出てて　大風呂敷[*10]のときにも女子デモやりたいねという話はした　自分の中でお、いいじゃんみたいな　その名前で他の人ともしゃべってたし　サウンドデモの人たちで、女の人たちのコミットが何というか気になってて　補助的な役割というか　サウンドデモで女子デモというのもすごいやっぱりいいなと思った原因で　中心的な役割はいつも同じ人でいつも男の人がばんばんまわしている感じとか気になっていたので

（23日に）単に女子デモとしてそのサブイシューとして原発ではなく　原発がはじめに出てその女子デモですよというのはわかってなくて　自分のやりたいというか盛り上がってた女子デモとは一つ枷

が加わったなと思って　それでもいいなと思った

このように力点のおき方にずれがあるのは感じとられていたが、この時点ではそれでも溝は大きくなかった。しかし準備を進めていく中で徐々にずれが目立っていく。

3-2　フェミニズムへの警戒

Bさんは、11月6日のミーティングでいわれたことが気になったと語っていた。

サウンドデモに関わっている男の人と女の人のカップルがやってきて　デモの話をうちらがしてるからちょっと入ってきて　男の人の方が「うーん女子かー」って　ちょっと聞いたら知り合いの女の人でおんなおんな言われることがしんどいといってる人がいるっていってたから　お母さんといわれるのもしんどいとか　だから女子デモはなあと言ってたから　そういう意見よくわかるし、「おんなおんないうな」という意見も含めて女子デモにしたいと私はいったんだけど　女の人の方（20代後半くらい）が「フェミとかひくし」っていって　フェミニズムに否定的なことをいっていて　でこういう反応があるんだったら確かに険しいかもなって　関わるのは難しいかもなって最初っから思って不安になって関わるのはどうしようこのやりとりのなかで、女子デモという名称が、「フェミ」というものにつながりうるものとして認識されたことがわかる。サウンドデモに関わっている男女が女子デモについてフェミニズム的なものとして否定的に反応したということで、Bさんは不安になった。

この軋轢は、サウンドデモというストリートの運動におけるジェンダー問題というAさんの認識を逆側から裏づけているように思える。「女子」や「フェミ」といった言葉はストリートにおいては耳障りの悪いノイズとして認識されるのである。

このあたりの時点から、改めて「女子デモ」という名前にするかどうかでメンバー内の意見が分かれてきた。11月半ば以降のミーティングでデモの名前が決定されていった。

Dさんによれば、「『女（わたし）たちの脱原発デモ』と言ったら『女たちはちょっと』みたいな『女は主張しすぎない方がいい』」といわれたこともあったという。

女子デモ内部においてすら、ストリートで「女」を出すことへのためらい、否定が存在した。ストリートは、「女」や「フェミ」を出してはいけない場として認識されていたのである。つまり、ストリートは、資本や国家に抵抗する場ではあるが、完全に自由な空間ではないのである。少なくとも、そこではフェミニズム的なものは敬遠されるのである。

最終的に一致を見ず、「女子デモ!?だれデモ！」という中間をとった名前となった。その議論の過程を伝えるために、デモ当日に、実行委員会によって「このデモが『女子デモ・だれデモ』であることについて」と題するチラシ[*11]が配布されることとなった。

3－3　デモ当日のジェンダー

デモ当日の様子は、参加者は300人ほどで、男女比は「男6：女4」くらいだったという。

Dさんは、「（参加者数は）思ったより全然多いという感じがして　男の人もいるなーという感じと（普通のサウンドデモと変わらない？）それは思ったかも　最終的にはほんとに車の前に布をかけて女子デモみたいにつけてたのくらいかな　女子ってつけた意味がどこにあるのかも」と語っていた。

Bさんによれば、「女子デモって聞いて普通のマッチョなデモはいやっていう男子も来てたと思う」ということだ。

また、一部のメンバーの間で、男子がマイクを独占したことが問題になっていた。

> デモ中は、女子デモにもかかわらず、何度も男性がマイクをとって話す場面が見られた。女性の発言者もいたのだが、間が空くとマイクで喋る、コールする男性たち。スタッフの女性が走り回って、マイクを女性に回そうとがんばったり、「なんでこんなわきまえないの！女子デモだよ？」と怒っている女性もいた（『人民新聞』2011年12月15日、鍋谷美子報告）。

このエピソードからは、デモの運営においても女性中心でという方針が一貫できなかったことがわかる。

ここでいったんデモの特徴をまとめたい。まず、立ち上げのきっかけとしてサウンドデモにおける君が代問題という言説が混乱（トラブル）した場面で、女子デモが生まれたのは興味深い。サウンドデモにおけるジェンダー問題という問題意識を共有する場が生まれたのは、トラブルの瞬間だったからこそなのかもしれない。

そして、サウンドデモにおいてフェミニズム的な要素は前面化されてはいけないというストリートのポリティクスが、女子デモをめぐる議論において浮かび上がった。このことの意義は、強調しておきたい。ストリートの運動には、ジェンダーのポリティクスが潜在しているのである。

そして、デモの名前をめぐって議論が続いたことを考えると、呼びかけ人の認識とは違い、「女子」と出すことへの期待の大きさが潜在していたということだろう。そこでは、「女子」「女」というアイデンティティへの深い問いかけが行われ、「女子」という表現への意味づけのずれ、多義性があらわになったといえる。この点について次節で考察したい。

4　女子という言葉の揺れ

ここでは改めて、「女子」という言葉に対してどのような意味合いが与えられていたのか見ていきたい。「女子」とは、本来は「女の子」や「女性」を指す言葉だが、近年、「女子力」や「女子会」等新しい使われ方が流行している。

4-1 「女子」を前面に出すことへの葛藤

女子デモの担い手の中で、「女子」という言葉はどのように意味づけられていたのだろうか。Dさんは、「女子デモ」という言葉に対して慎重な意見を述べた。

なんでやったんかなあ　女子という言葉が響かないっていうか　今女子っていったら　女子会とか飲み屋さんでも組んでたりして　より女らしくみたいな感じで女子の場は設定されているっていうかもうちょっと前だったらガールズカルチャーみたいな意味合いもあったかもしれんけど　今は主張するっていうときに女子っていう言葉は使いたくないっていうか　女とかウーマンとかそういう言葉を取り戻すみたいな

Dさんは、女子という言葉を「女らしさ」に結びつくものと考えており、それとは違うものとして「女」や「ウーマン」に可能性を感じている。

Aさんは、女子デモを呼びかけた理由を次のように説明している。

私としては最初っから女性差別を表面化させるつもりはなくって　ただ女性差別に敏感な人もいてほしかったんですよ（略）ただ参加する人の実行委員の中には女だから脱原発と思ってやってる人もおる　そういう人にも参加してほしいと思ったんですよ　女性差別というのを前面に出してしまうと

そういう人がたぶん来れなくなると思ったから　○○の人も誘ってたんですけど　なんか女のデモだったら行きたくないなあとか　その人の発言はけっこう衝撃的だったたんですよ　女差別はもうないとか　明治とか昭和の時代にはあったかもしれないけどもう今はないんちゃいますかとかいってはって女差別といったときのイメージがすごいレトロなイメージがしたみたいですね　ただ私はそういう人にも来てほしいと思ったんですよ

Aさんのもくろみは、女性差別を前面には出さないが、そのような問題意識のある人からない人も含めて女性が運営の中心になるデモを組織したいというものだった。しかし、メンバーの中には、次のCさんの語りのように、女性差別に関わる問題を女子デモだからこそ取り上げたいという意識も多かった。

原発反対と女性（の関係について——引用者注）を、内容をあんまり話せてないし　けっこう内実に入れなかったなっていうか　実質的な話がぜんぜんできてないから

ここでは、2節で触れたような、「女は原発いらない」と言い切れてしまうような朗らかさはない。女性たちの間で、女性という立場を明確にすることへの意思も、その意味合いも、明確にした結果への状況認識も異なっている。

最終的には実行委員会の中で「女子」を出さない方向と出す方向へ分岐し、「女子デモ」にクエスチョンマークをつけるという中途半端な形ながら出すこととなった。

4-2 「女子」の「美女」への歪曲

その形がどのように受け止められたかということを示す一例が、月刊誌『実話ナックルズ』[*12]の報道である。

記事は、「密着　反原発の女たち　実行委は全員女性！『原発いらん！女子デモ⁉だれデモ！』12・11 in 大阪　オンナだからってナメんなよ！　ニッポンの怒れる美女たち　アタシたち〇〇にイカッてます！」[*13]と題するものだ。2ページ見開きで、紙面の過半は写真で、女子デモに参加した女性たちのスナップ写真が多数並んでいる。

タイトルで女性たちの「怒り」について触れられているが、紙面のスナップに並ぶそれぞれの女性を紹介するキャプション中では、すべて電力会社や政府への「怒り」のみで、性差別への怒りを表明した文はキャプションにも記事本文にもない。

この報道についてAさんは「まあ別に（取材は）フラットだったし　記事自身は載ったことはよかったと思うんですよ」と肯定的に評価している。

だがBさんは、「『ニッポンの怒れる女たち』という依頼だったのに　普通のデモで女子だけ取り上げたら非難されるけど女子デモだから口実を与えたみたいな」と批判している。

さらにCさんは次のように評した。

嫌だなと　グラビア的な感じ　ファッション誌みたいな　美女とかね　「普通の人々」とか　警察に食ってかかるとか私のことのような気がして　あんたにも怒るでという感じじゃないですか　ほんとは抗議とかしたかったんですけど　東京では変な人扱いされているんじゃないかなと思うんですけど　一番されたくない消費のされ方というか　女っていう　自分は写ってないからこの枠に入ってないよなみたいな感じとか　選別されてるんですよね　まあ見た目でだと思うんですけど　ここに載せてふさわしいという基準があるんじゃないかと

記事全体としては、Aさんのデモの認識に近いものとなっている。しかし、本文中でこのデモを紹介するくだりには次のような文もある。

いかつい男では逃げたくなるが、女性がかわいらしいデザインのフライヤーを差し出してきたら受け取りたくなるってもの。「一緒に歩きましょう」と言われれば歩きたくなるってものである。

ここでは女性と「かわいらしさ」を結びつける発想や、女性の誘いに喜ばない男性はいないというヘテロセクシュアルな世界観が持ち出されている。おそらくこのような世界観自体に疑問を表明することを女子デモに期待した意識が少なくとも一部にはあったのであるが。

さらに、最もインパクトのあるのが「女子」という名づけがいつのまにか「美女」という言葉にすり替わっている点である。「美人」や「美女」という言葉は、肯定的文脈で使われるため問題点が見えにくいが、実はBさんの指摘しているように、女性を一定の価値観にもとづいて選別するものであり、女性は外見で序列化されてよいのだという発想を背景にもっている。一般社会、とくに男性側から見た女性の表象の一つの形であるが、「美女」という言葉が性差別的だという指摘を理解するのは難しい。この記事は、そのような曖昧さを利用して、もともと男性読者が多いと思われる雑誌において「女子デモ」という特殊な素材を違和感なく読者に提供しようとしたのかもしれない。

ともあれ、「女子」という言葉は、「美女」というジェンダー化された表現にもつながりうる曖昧さを含んでいるということである。

「美女」という言葉を一方の極としたら、他方の極を見てみたい。「女子」という言葉に対して与えた意味づけには下記のBさんのようなねらいもあった。

(「女子」「女」とか出して何かやるとしたらどんな意味やイメージを込めてますか) 暴力とかもそうやけどこれまであったのに全然問題にされてなかったことをメインテーマにしていっていくことができるそれは後でとされてきた問題やから　それが一番大事で中心やねんというのがいえる場として作りたいなっていうそういう感じかな　(セクハラとか性暴力?) うん　あと今思ってるのは運動の中でのハ

ラスメント　どこでもあるけど運動の中特有のしんどさがあるんちゃうかと思ってて　何しろ社会正義をしようとか主張しようとしている人たちの中でされていることってされた方も周りも本人も認めにくいんじゃないかとか　そういうことが起こりうるという想定がないから企業とかよりも対策とか遅れてるし　むしろそういう意味では一般社会の方が制度とか整っているのではとか

運動の中の性差別や性暴力という問題は、１９７０年代のリブの時代から提起されながら引きずっているものである。そのようなフェミニズム的な問題意識と、「美女」のような男性中心的な価値観と矛盾する内容を含み込んだのが今回のデモにおける「女子」という名づけだった。

Aさんが「大事なことだと思うけど（略）場を提供するのは私にはできませんと思う（略）すごい根深いなとは思ったけどちょっと全部を共有はできなかった　逆に私もしんどくなるような感じがあって」と語っているのは、あまりに多義的な「女子デモ」という名称の社会的位置について引き受けることの困難だったのかもしれない。

5　フェミニズムの社会的位置

5－1　フェミニズムにもつイメージ

女子デモをめぐる議論において一つの核となったのが「フェミ」「フェミニズム」である。ここでは、インタビューで聞いた、メンバーそれぞれの「フェミニズム」へのイメージについて考えたい。フェミニズムに対して最も批判的なコメントをしたのがAさんである。

学問的なフェミニズムといわゆる運動している人の差は感じて　フェミニズムとか性差別とか女性差別とかの運動が日本に少なさ過ぎるゆえにひねててというか自分自身がねじれてる人が多いんかなと思うんですよ　とにかく批判するというか　職場でセクハラ裁判の判決とかの資料を見ていたら女性差別についての日本社会の認識が低すぎるし　レイプとか性暴力とかの被害者についてもひどいしほんとはフェミニズムがもっと必要とされてて　そういうのを理論とか性差別なんだとわかって救われる人は多いと思うんですけど　現実にフェミニズムとか運動やっている人を、必要としている人は敬遠しちゃう傾向があると思うんですよ　それってなんなんかなというのは思ってて　有り体にいえばフェミニズムが中産階級の高学歴の人のものになっちゃってるということだと思うんですよ　Bさんのいっていることも正しいんだけどレベル高すぎると思って　それをそのままいうことが運動としていいと思えない　フェミニズムがどういう人に使われるというか　多くの人の人生に必要なものなのに誤ったイメージが流通しているという　たとえば女性の労働運動の団体で○○とかありますけど、そこで活動している人のイメージって、結婚してて子どももいて、自分も4年制大学卒で、みたいな階層の高い　そういう人もがんばってて必要なんだけど　でも○○ちゃんのようなシングルマザーの子たちからはそういうのはちょっとと見られてしまうような　ねじれてるんですけど　そういう現実から始めるしかないというのが私の考えで　自分の心としてはフェミニズムは大事だと思うし性差別反対とは思っているけど出し方が難しい　トリクルダウンみたいな　そういうふうに見られてしまってて　高学歴のおばさんのものでしょみたいな　低い層には施しを与えましょみたいになってるような気がして

このようなフェミニズムへの批判は、第2節で触れた松本のようなスタンスと共鳴するだろう。フェミニズムの必要性を認めながらも、フェミニズムのイメージが悪いために伝えるのが難しいと感じている。それに対してDさんは、フェミニズムに対してより親和的な立場である。

どっかで生きにくいなとかしんどいなとか思ったときにフェミの本とか手にしてとりいれてた感じはする　自分がフェミニストだとは今でも思ったことはあまりなくて　そこはわからへんという気持ちはもちつつ　そういうのは周りがいうことみたいな　いわれてることには否定はしないという自覚はあるような気はする

難しいっていうか学問みたいなっていうのは思ってて　生き方として自分にもっと入りやすいのはリブ　日本のフェミニズムが難しいというか　海外のフェミニズムはポップだったりもっとラディカルだったり　日本のフェミニズムは取っ付きにくさみたいなものがあるのかもと思ったり　そういえ

ば　もうちょっと実践的な話があるのはリブでみたいなイメージがあったりしつつ　海外のフェミは実践的な話も込みだったり　自分の生き方の一つとしてはフェミニズムはとりいれているもの　自分の生き方の参考というか　でもなんかフェミニズムはなんかこう大きな声でいいにくい　いつもどこかに遠慮がついてる感じはしてて　ださいと思われるんだろうかとか　フェミであることはオープンにしないでいることとみたいなのもあるような気がしてきた　うんする　いわれて考えるとなんかエコとかはあるのにフェミニズムとか語り口がないみたいな感じなんかな　自分の中ではなくないんだけど　オープンではないというか　やっぱ敬遠されてるという気はする　とくに運動内のセクハラとか取り上げたり被害女性と関わっていくとか考えたときに私の立場はここではっきりしたけど　やってってもいいとはっきりしてもそういう立ち位置とったら女からも男からも嫌われるんだろうなという覚悟と同時やった気がする　フェミっていうけどもちろん男からも女からも嫌われる中で一部の仲間と一緒やったらいいと思った気がする　だから覚悟がいることとなんかなあ

フェミニズムを「生き方にとりいれていた」というDさんですら、自分を「フェミニスト」と自称することにはためらいがあったり、周囲から「敬遠される」という意識をもっている。フェミニズムへ共感、支持的な人はフェミニズムにネガティブなイメージを与えられている状況へ対峙を迫られるのである。

Cさんは、フェミニズムを支持し、周囲からの否定的な反応に対して逆に名づけという戦略で対応している。

〇〇さんにフェミとかって女を使うとか女の子らしい格好とかだめだといわれると思ったっていわれて　けっこういわれるんですよ私は　抑圧系フェミと名づけたんですよ自分で最近　3人くらいにいわれたことがあって　私を見てそう思ったっていわれるから　私が抑圧しているんですよ　私なんもいわないんだけど　そういうのもうるさい人ですねと　それはもう完全に思われてるから　身構えるとかよくありますよ　身構えられるからその点は絶対　抑圧系フェミと自分で名づけてる　私が抑圧してるみたいにいわれるからそれはごめんみたいな　そんなん着るのとかいうでしょそれは　15日[*14]には〇〇さんにそれをいわれてけっこうショックだった　「女を使ったり女らしい格好をするのはだめだと（いわれると）思った」といわれた

3人のフェミニズムへのイメージをまとめると、第1に、フェミニズムと一般社会のギャップの大きさがある。第2に、フェミニストは階層が高いイメージをもたれている。それと関連して第3に、難しい学問というイメージがあり、それはリブと対比されている。そして第4に、身近には「フェミニスト」はいないとされている。

一般社会に定着していないフェミニズムを自分のものとして身につけていくときに、「覚悟する」という姿勢や名づけ直し（「抑圧系フェミ」）という方法が必要になっている。女子デモという名称や、運動の中の性差別という問題について意見の異なるAさんとB・C・Dさんだが、一般社会におけるフェミニズムへの否定的なイメージについては共通している。この状況に対してどのように取り組むかという点で違いがあり、それが女子デモにおける葛藤の遠因となっている。

5-2　フェミニズムとLGBT

さらに難しいのが、フェミニズムとセクシュアル・マイノリティのつながりにくい関係である。

Aさんは、女子デモと名づけると、セクシュアル・マイノリティである友人が参加できなくなるのではないかと心配していた。それについてCさんは「考えた方がいい問題だけどしかし今ここで出されると言い訳をされてるように聞こえる」と語っていた。この違いの背後には言説の社会的な配置があるのではないだろうか。

Dさんは、フェミニズムとセクシュアル・マイノリティの関係について次のように語っている。

> ゼロ年代はクィアとかセクマイのこととか権利が出てきたとき　権利のランクがあるような気がしてて　セクマイの権利を訴えるのは流行で　上の方にゲイがあって　レズビアンが最後の方にあったり　フェミニズムをいうのは古いというかセクマイのことをやるほうが今は問題意識がある人みたいな　そういう気がしたりして　古い人　男か女でくるのがださいそれが差別やみたいな　性差別を語る言葉が奪われているというか　男って勝手にくらんでくれるとか　男がそういうふうに勝手に身につけてきた部分があるような気がして　男が自分を守るために開発してきたっていうか　そういうのはすごい覚えてて　女は女でとかＦｔＭでとかそれぞれあっていいんだよというのは女子デモの

中でもいってたと思う　ちゃんと女の権利も含めたセクシュアルマイノリティの権利で捉えられていないというか　女を排除する形でセクマイの権利として捉えられている　そこにジェンダー意識がないからそうなっちゃうんやろうなというか　自分の立場性から考えてないからそうなっちゃうんかな　優先順位を付けられるみたいになってるんじゃないかというか

フェミニズムとセクシュアル・マイノリティの運動や思想が、段階論的に配置されている社会状況が指摘されている。

女子デモに対して「運動の中の性差別や性暴力」のようなリブ以来継続する課題がこめられると同時に、女子という言葉を出すとセクシュアル・マイノリティが排除されるのではないかと懸念される。ジェンダーやセクシュアリティをめぐって、あまりに多数の課題が提示されているにもかかわらず、フェミニズムは一般社会には浸透していないとして敬遠される。だが浸透していないにもかかわらず、フェミニズムは「古い」「ださい」ものとして忌避されるのである。

6　最後に

最後に、女子デモをめぐって見えてきたことをまとめておきたい。

まず、日本社会におけるポストフェミニズム状況の有無であるが、女子デモ内で対立を生んだ原因は、フェミニズム嫌いの現在の社会にあると思われる。この社会状況を「ポストフェミニズム」といってよいのならそれは日本にも、あるいは日本にこそ存在している。日本のポストフェミニズムでは、フェミニズムに対してアカデミックなイメージが非常に強くもたれているのが特徴である。ちなみにマクロビーによればイギリスやアメリカではリベラルで、個人主義的なフェミニズムのイメージが広がっている。アカデミックなイメージのみと結びつくものではない。

また、原発の問題とフェミニズムの言説が切り離されて認識されていることも指摘しておきたい。「福島の女たち」のような運動では素朴な形で散見されるのとは違い、女子デモにおいてはそれらを接合した言説が弱かった。これは、現実の社会構造、社会問題とフェミニズムが結合されて認識されていない現状を表しているのかもしれない。フェミニズムはどこか異物として感じられているといってもいいかもしれない。

そして、セクシュアル・マイノリティの顕在化が、フェミニズムと交替的に配置されている問題は、今後、より慎重に運動論としても思想としても考えられなければならない。

以上のことを冒頭の問題設定と関連して考えれば、フェミニズムが普及したと考えるのは危険ではないだろうか。フェミニズム、女性に関する言説は非常に混乱している。既成のフェミニズムへのイメージがかえってフェミニズムを人びとから隔てている。そのため、フェミニズムが主課題としてきた「女」というアイデンティティの内容が共有されない状況がある。

女子デモはストリートで行われたが、そのプロセスには「女子」という名前をめぐって、可視化すべきかそうでないかのせめぎ合いがあった。「ストリートの思想・運動」において「女子」は、ノイズを起こすのである。「女子」の可視化をめぐるせめぎ合いこそが、現在の日本社会のジェンダー・セクシュアリティの抑圧の深さを示している。ある条件下では、「福島の女たち」のように「女」を冠して集うことが許される。だが、今回の女子デモではそれ自体が難しかった。[*15] しかしその困難が逆に、フェミニズムの成立可能性の困難、現在のフェミニズムをめぐる視線を明らかにした。

ポストフェミニズム社会の現在、私たちはノイズを起こすことを恐れず、フェミニズムの政治を実践しなければならない。しかし、そのためには、ストリートにおけるノイズを起こすだけの力を保つために、ストリートというよりもむしろ、アンダーグラウンドな、不可視のフェミニズムを模索する必要があるのかもしれない。

【注】

＊1 東日本大震災女性支援ネットワーク・調査チーム（2015）など。

＊2 下記アドレスより（http://risetogetherjp.org/?page_id=2）。このネットワークは2014年3月に解散した。

＊3 レイバーネットTV第22号放送より。

＊4 小田原琳「その小さな場所から生まれるもの」2012年3月30日下記サイトにアップロード（http://www.jfissures.org/wp-content/uploads/2012/03/Odawara_small_space_jp.pdf）。

＊5 松本麻里インタビュー「原発と再生産労働――フェミニズムの課題」（2011年12月6日）。インターネ

ット上の下記アドレスより（http://www.jfissures.org/2011/11/28/nuclear-energy-and-reproductive-labor-the-task-of-feminism/）。

＊6　関連するものとして下記がある。「特集　脱原発へ」所収座談会「反（脱）原発運動の現在的課題」『インパクション』181号（2011年8月）。

＊7　各人の発言のうち、（　）内は筆者の発言および補足。

＊8　Facebook個人ページより。

＊9　Slut Walk、カナダで始まった性暴力に反対する行動。

＊10　「関電の原発を止める会（仮）・大風呂敷」が行った「1週間ぶっ通しデモ」のこと。この会は、「3・11東電フクシマ原発事故を機に、なんとかして原発を止めたいと動き出した京都周辺の人たち」（同会ブログより）が運営しており、デモや抗議行動、関西電力への申し入れ等さまざまな活動を行っている。

＊11　このチラシは主催者のブログで公開されている。

＊12　2012年2月号、2011年12月28日発売。

＊13　文章は松沢呉一、写真は秋山理央。

＊14　女子デモの後、翌年1月15日に行われたメンバーの交流会。

＊15　関西レインボーパレードのように継続している運動との比較も今後行っていきたい。

【文献】

江原由美子（2000）『フェミニズムのパラドックス――定着による拡散』勁草書房

東日本大震災女性支援ネットワーク・調査チーム（2015）『東日本大震災「災害・復興時における女性と子どもへの暴力」に関する調査報告書　改定ウェブ版』

Mcrobbie, Angela (2009) *The Aftermath of Feminism*, Sage

毛利嘉孝（2009）『ストリートの思想——転換期としての1990年代』日本放送出版協会
荻上チキ・斉藤正美・山口智美（2012）『社会運動の戸惑い——フェミニズムの「失われた時代」と草の根保守運動』勁草書房
内田有美（2012）「東日本大震災から見えるセクシュアリティによる困難」『論叢クィア』第5号

第6章　「慰安婦」問題を覆うネオリベラル・ジェンダー秩序
――「愛国女子」とポストフェミニズム

1　問題の所在

「慰安婦」問題が混迷を深めている。被害女性たちが名乗りを上げてからすでに4半世紀たとうとしている。これだけの長い時間が経過してもいまだ政治的解決は成し遂げられず、この問題に関する日本への国際的な批判は大きい。その一方で被害女性たちは永眠されてゆく痛ましい事態が続いている。

本章は、政治的なタブーとして議論することすら避けられがちな傾向にある「慰安婦」問題を取り上げ、正面から論じることを試みたい。ただし、この問題に関する歴史的事実や法的責任などの点についてではない。そのような種類の議論はもちろん必要であるが、「慰安婦」問題というと往々にしてそうした面ばかり論じられやすい。本章は、そうではなくて、「慰安婦」問題をめぐる現在の日本社会の状況に注目したい。

「慰安婦」問題は、すでに、日本社会を映す鏡のような存在となっている。この問題は一般的にはごく周辺的な、あるいは特殊なテーマとして認識されているが、実はその逆である。それは、立場によって問題の形すらまったく異なって見え、異なる意味づけを与えられている。このずれの中に現在の日本社会、さらにはこれまでの日本の近代そのものの混乱が逆に正確に写し取られているように思える。

こうした視点にもとづいて、本章では「慰安婦」問題をジェンダーおよびセクシュアリティ、（ポスト）コロニアリズム・ネオリベラリズム批判の観点から位置づけ直したい。「慰安婦」問題の混乱を読み解く中で、日本社会の抱えている問題を明らかにすることが本章の目的である。「慰安婦」問題をめぐる言説状況を考察し、その中から「ネオリベラル・ジェンダー秩序」というべき状況が立ち上がっていることを論じたい。

2 鏡としての「慰安婦」問題

まず、この問題の経緯を概観しておきたい。

「慰安婦」問題が進展したのは1990年代である。1991年の金学順さんをはじめとする被害女性たちの告発と支援団体の運動、それに続く研究者の調査と資料の発見は、日本政府の一定の対応を引き出すことに成功した。だが1995年に発足した日本政府の「女性のためのアジア平和国民基金」は、その曖昧な形のため被害者と支援者の反発を呼び、支援運動の中に傷を残した。また被害女性たちは日本の裁判所に提訴したが、敗訴が相次いだ。これを受けて、支援運動が正義回復のために行った2000年の女性国際戦犯法廷は、90年代の運動の成果として意義を認められている。

それに続く2000年代は、この法廷を取り上げたNHKの報道番組をめぐって政治家の介入が問題となった事件に始まり、次第に解決への道が遠くなっていくことを感じさせられた(VAWW-NETジャパン編　2005)。しかし国外では、アメリカ合衆国の下院をはじめ多くの国の議会で日本政府に対して法的解決を求める決議が採択されるなど、国際的な批判が高まっていった。

他方、韓国では2011年には憲法裁判所が、「慰安婦」問題は「政府の不作為による違憲状態」が続いているという判決を出した。同時に日本政府への抗議運動が大きくなっていった。また韓国内外で被害者を模した少女像が設立される動きが続いている。

そのような中、安倍晋三を首相とする日本政府は各国から警戒を呼んでおり、2013年には橋下大阪市長(当時)が「慰安婦」制度を肯定するかのような発言を行い国際的な批判を浴びるという問題が起きている。2014年には政府が河野談話を継承するという姿勢を確認したものの、これまで「慰安婦」問題に関して活発に報道してきた朝日新聞に対する激しいバッシングが起こり、「『従軍慰安婦』は朝日新聞のねつ造だ」と主張するマスメディアまで登場した。

そして現在は、以上のような政治的膠着状態が固定している状況だといえる。マスメディアが報道しなくなった2000年代以降、一般市民がこの問題について得られる情報源の主要なものは、インターネットである。だがインターネット空間にはとりわけ否定的な情報があふれている。被害者をおとしめ、政府の責任を無化する立場からの情報に偏っているため、ネットに多く触れる若い世代は、そのような認識を往々にして信じがちである。

こうした状況のため、多くの人びとにとって「慰安婦」問題は、その輪郭すらあやふやになってきているように見える。しかし、この問題は周辺的であるどころか、日本社会にとって大きな意味を秘めている。実際、安倍政権下において「ファシズム」とも批判されるような政治的動向が進行しているが、この政治的変化を「慰安婦」問題をめぐる諸相は早くから体現していた。マスメディアがこの問題について触れなくなるきっかけをつくったのは、上述の２０００年の安倍首相（当時官房長官）によるＮＨＫへの政治介入である。その際にマスメディアが問題の重大性を認識できなかったことが、現在のマスメディアにおける批判精神の後退を許してしまった。そして、マスメディアにとどまらず、「慰安婦」問題は、さまざまなレベルで日本社会の抱えている問題を照らし出している。「慰安婦」問題は日本社会の鏡となってしまっているのである。

以下では、この鏡としての「慰安婦」問題から、そこに映し出されるものを言語化する作業を行いたい。

3　ヘイト・スピーチ論からの「慰安婦」問題の消去

今日本国内では、「慰安婦」問題は人びとの記憶から消し去られようとしている。マスメディアが報道せず、一部の政治家の発言が国際的に批判されるときか保守・右翼の立場の者たちが問題を否定して国際的に反発を呼ぶときにしか話題にならないため、この問題は「真偽があやしい問題」「政治的なタブー」として認識されているようだ。

ここで注意しておきたいのは、必ずしも否定派ではない者たちも、この消失に手を貸してしまっているのではないかということである。この数年、マスメディアが取り上げる社会問題の一つに、「ヘイト・スピーチ」がある。これはここでは、街頭やインターネット上で人種や民族を理由に少数集団を攻撃する差別的な言動を指している。主に「在日特権を許さない市民の会」（略称、在特会）等の団体が在日朝鮮・韓国人を対象に行う攻撃的なスピーチやシュプレヒコールのことである。この現象は、「レイシズム」として批判的に論じられている。

しかし狭義の意味で「レイシズム」を解するなら、ヘイト・スピーチという現象の一部しか見えてこないのではないだろうか。街頭で、あるいはインターネットの動画でこの差別的行動を観察すれば、ほとんどの場合「慰安婦」被害者や支援運動への非難や攻撃が含まれている。にもかかわらず、マスメディア等で問題化されるときには「慰安婦」問題に関わる部分は論じられない。奇妙な消失が生まれているのである。

ヘイト・スピーチは、１９９０年代に生まれた「慰安婦」問題否定運動を主要な源流の一つとしている。本来であればヘイト・スピーチと「慰安婦」問題の関連性を見なければ、現在起きている問題の全貌を理解することはできない。

ヘイト・スピーチに対しては国際的な世論を背景に、日本政府も取り組み、対策に乗り出している。だがその同じ日本政府が「慰安婦」問題については否定的な対応を繰り返している。[*1] この矛盾は、「慰安婦」問題の日本社会における根深さを示している。

すなわち、ヘイト・スピーチの前身の一つとして、1990年代に登場した「新しい歴史教科書をつくる会」(略称、つくる会)らによる教科書への「慰安婦」の記述に反対する運動がある。つくる会らの運動は、「新しいナショナリズム」と称して「国家の誇り」を守ることを前面に掲げた。そして重要なことは、その活動の中で大きな位置を占めたのが「ジェンダー・フリー」やフェミニズムへのバッシングであり、また「慰安婦」問題の否定だったということである。

つくる会のリーダーである藤岡信勝は、「慰安婦問題は国家の恥部」「子どもたちに絶対教えてはいけない」としている(藤岡 1996)。「慰安婦」問題はいわばナショナリズムのアキレス腱なのである。「慰安婦」制度に関する国家責任を認めてしまえば、「日本国家の名誉」が傷つけられてしまうため、この問題は消去されなければならないというのがナショナリズムの思考であり、それは右派的政治家も同様である。ヘイト・スピーチについては一部の集団の行為として切り離せても、「慰安婦」問題は明確に国家責任が問われている。国家は、暴力を箱に入れながらもそれを隠してしまい、自分たちは暴力とは無関係であるかのようにふるまうことができる。

にもかかわらず現在のヘイト・スピーチ現象を狭義の「レイシズム」としてのみ解釈するとすれば、現象を構成している重要な要素である「セクシズム」を見逃すことにつながってしまう。通常、「レイシズム」と「セクシズム」は別個の問題として理解されているからである。セクシズムの無化は、マスメディアや学問あるいは社会運動の男性中心主義からくるものであり、これは後述するジェンダー・セクシュアリティをめぐる現状の複雑さも後押ししているだろう。さらにレイシズムという言葉のもつ広さとそれゆえの曖昧さを考えたい。

レイシズムという概念は、各国家・社会が並列してあり、それぞれの内部で同じように差別が発生しているという事態を想起させる。ヘイト・スピーチやレイシズムの報道で多くの場合参照されるのが欧米の現象とその研究である。欧米で戦後継続して存在している移民や外国人に対する差別とそれに対する批判が、現在の日本におけるヘイト・スピーチと比較され論じられる。

しかし実際には国家間の不平等な関係性によって「国際秩序」が形成されてきたのが近代世界であり、その国家間の権力関係が現在の外国籍住民や移民への差別・暴力への根本にある。差別主義者は、外国籍であればどの国であろうとターゲットにするのではなく、ある特定の外国籍のみを攻撃するのである。それは、欧米を範とし、アジアを含むそれ以外を劣位におく植民地主義に沿っている。したがって、単純に欧米と日本を並列することはできない。欧米と日本では、近代植民地主義においておかれた歴史的位置がまったく異なるからである。

そのような面を考慮せず議論がなされるとしたら、サイードやスピヴァクが批判した「知の植民地主義」を超えることはできないだろう。近代は植民地主義にもとづいて形成されていながら、決してそれを清算できていない。さらに植民地主義の抑圧性は、とりわけ学問・科学や文化を通じて私たちの認識まで構成している点にある。

小森陽一は、福沢諭吉『文明論之概略』を読解して、「福沢が怯えているのは、欧米列強のオリエンタリズムの視線に、『日本』が『支那朝鮮』とひとしなみに刺し貫かれてしまうこと」（小森　2001：44）と分析している。日本はアジア諸外国と違って欧米列強と同等に「強い国家」であらねばならないが、「慰安婦」問題は日本国家の誤りを白日のもとにさらしてしまう。「慰安婦」制度は植民地主義の暴力の中でも最も個的な、人間の精神や内面、価値観、主体形成にまで及んだ支配装置であり、そのためにナショナリズムの立場は隠蔽しようとするのである。

差別への批判がこのような植民地主義の構造的レベルまで進まないということは、植民地主義に絡まるジェンダー、性差別の問題をクリアにできないことと同義である。

植民地主義は必ず性差別や性暴力を伴うと考えるのがポストコロニアル・フェミニズムである。「慰安婦」問題の解決は、ポストコロニアル・フェミニズムの視点が共有されていかなければ実現できない。現在、「慰安婦」問題が消失されていこうとしている一因は、日本社会でフェミニズムへの理解が進まないことにある。

4　フェミニズムを装う「愛国の慰安婦」表象

前節でヘイト・スピーチと「慰安婦」問題が分離されて認識されている現状の問題を考えたが、「慰安婦」問題とフェミニズムの関係も不安定である。

「慰安婦」被害者を支援する運動とフェミニズムの関係性は単純ではない。政策への評価や研究上の方法論、ポジションなどをめぐって論争と対立があった。菊地（2016）で論じたように、この対立は解消されないまま現在にいたっている。

さらに、現在「慰安婦」問題をめぐって議論となっていることの一つに、朴裕河『帝国の慰安婦』の評価がある。朴は日本文学を研究する韓国人研究者であるが、これまでにも「慰安婦」問題をはじめ日韓の政治的課題をめぐって物議をかもす発言を行ってきた。[*2] とりわけ『帝国の慰安婦』は注目され、朝日新聞出版から出されたこともあり、高く評価する声が多い。ここでは、この本をめぐる解釈のなかで、「植民地主義批判」「フェミニズム」の立場として本書を理解する評があることに着目したい。

本書は韓国内の「慰安婦」被害者を支援する運動、具体的には「挺身隊問題対策協議会」を、被害当事者を「抑圧される民族の娘」として政治的に利用し、問題解決を妨げたと批判する。「慰安婦」制度については、被害女性の周囲の家族や共同体、民間の韓国人業者の責任を強調し、日本政府に対しては、「日本政府の責任は性の需要をつくり出したことにあり、法的責任は問えない」として政府の法的責任を否定する。

2014年に出版された日本版に先行して2013年に出された韓国版は、翌年「慰安婦」被害者から名誉毀損として問題化され、提訴された。その結果、2017年10月にソウル高裁で有罪判決が下されたが、原告が上告し係争中である（2018年5月現在）。

韓国内で大きな反発を呼んでいるこの本が、日本のマスメディアや一部の言論人に高く評価されているのはなぜだろうか。それは、この問題をめぐる日韓の対立および諸外国からの日本への批判があまりに膠着していて改善が見られない状況に直面して、日本政府へ期待することを諦め、政府を批判する運動側へと矛先が移っていると考えることもできる。その上でここでは朴の言説がもっている危険性について警鐘を鳴らしたい。

朴は「慰安婦」にされた朝鮮人および日本人女性が日本軍に協力した側面を強調しようとする。「帝国の慰安婦」というタイトルはこの意味で用いられている。

> 彼女たちにとって、軍人を支えることで〈愛国〉的行為につながる「慰安婦」という存在は、初めて自分の居場所を日なたに作ってもらえたことでもあったはずである（朴　2014：74）。

> それ（＝〈疑似家族〉や〈銃後の女〉という役割——引用者注）はもちろん国家が勝手に与えた役割だったが、そのような精神的「慰安」者としての役割を、慰安婦たちはしっかり果たしてもいた（朴　2014：74）。

> 彼女たちは、自分たちに与えられていた「慰安」という役割に忠実だった。彼女たちの笑みは、売春婦としての笑みというより、兵士を慰安する役割に忠実な〈愛国娘〉の笑みだった（朴　2014：231）。

ここで描かれているのは、男性中心的「慰安婦」観であり、「慰安婦」問題をめぐってしばしば出される反応である。まさに「慰安婦」制度を作った者のねらいをそのまま忠実に写し取って擁護するイメージを形成しようとしている。その意味では新しいものではないが、ここで着目したいのは、これまで否定派が提示してきた「慰安婦」観との違いである。

1990年代以来、「慰安婦」否定派は、「慰安婦」問題の核心は強制連行の有無にあるという前提を設定し、「慰安婦」は売春婦だったのだから強制連行は存在しなかった、そのため軍や政府に責任はないという論理を展開してきた（菊地 2010）。現在でも否定派の多くは同じ論理に沿っている。そこでは往々にして、「金に汚い、ずるい年かさの売春婦が若く純真な日本兵を手玉に取る」イメージが流布されている。ここでの「慰安婦」は日本国家に対して忠誠心や愛国心をもたず、金銭など自分の利害のみ考えているものとして表象される。

しかし朴の「慰安婦」表象は、そのような売春婦イメージではなく、「より自発的に素朴に『戦争』『軍隊』『国家』に寄り添う女性」を提示している。前田朗（2015）も指摘しているように、いわば、「愛国の女」である。少女たちは貧困や家父長制の呪縛から逃れ、「居場所」を求めて自発的に「性を提供する仕事」に励んだと朴は語る。そこからは、悲惨な境遇の中から立ち上がり、「醜業」によって自由を得ようとする少女たちの姿が描き出される。被害女性を露骨におとしめる否定派の従来の「売春婦」表象に比べ、一見肯定的に見えるため、一部の知識人も賛同できる。だが、あくまでも日本にとっての「愛国」であり、植民地主義の肯定につながるものであり、韓国内から大きな反発を受けるのも当然であろう。

同書を植民地主義批判のものとして位置づけている評があるが、同書は植民地主義を批判的思考の対象としてではなく、あくまで「仕方のなかったこと」としてみなしている。また、「慰安婦」問題を「女性の人権の問題」ではなく、「植民地の問題」として見るべきだと主張しているので、フェミニズムの書と評するのも困難である。「女性の人権」と「植民地の問題」を切り離し、後者のみ考えようとするのはフェミニズムとはいえないだろう。

本章で注目したい問題は、このような「愛国の女」の表象が現代日本社会で要請されている女性イメージと重なっていて、そのためにその抑圧性が気づかれにくくなっているのではないかということである。関連する動きとして、ナショナリズム運動を取り上げよう。

5　ナショナリズム運動における「愛国女子」の誕生

近年のナショナリズムの運動の特徴として、女性の参加が目立つことがしばしば指摘される。これは必ずしも実際に参加する女性の数が多いということではなく、女性の運動家が前面に立つようになっているということである。三つの例を紹介しよう。

まず、２０１１年（ブログによる）に開始された「なでしこアクション　正しい歴史を次世代に繋ぐネットワークJapanese Women for Justice and Peace」は、海外における慰安婦像設置に対する反対活動をはじめ「慰安婦」問題を「終わらせるために」、ネット上で活発に活動している。代表の山本優美子氏は外国特派員協会の会見で次のように発言している。

女性の人権が非常に大事なのは私も同意します。それとは別に、私たちが今やろうとしていることは、正しい日本の歴史、正しい情報を世界の人に理解してもらおうとしています。ですから女性の人権の問題と、私たちのやりたいことはまた別になります（ＢＬＯＧＯＳ編集部　２０１４）。

「女性の人権の問題」の存在に賛同した上で、自らの主旨から切り離すのは前節の朴につながる論理である。

私は学者でもジャーナリストでもない、ごくごく普通の日本人女性です。ただ、慰安婦について、間違ったことが事実になって世界に広まっていることを非常に心配しています。私も慰安婦の女性が非常に辛い経験をした、そういうことには非常に同情します。ただ、間違った日本の歴史が世界に広まっていることに対して、声を上げたいと思いました。そして慰安婦の問題は、男性が言うよりも女性が声を上げたほうがいいと思いました。それが私のこの問題を始めた理由です（ＢＬＯＧＯＳ編集部　２０１４）。

ところがある日、私たちは、世間の人にとって保守層の男性が反論をしている光景は「過去にひどいことをされたおばあさんたちが、また男に虐められている……」と見えているということを知りました。このままでいけないと考えた私たちは「ならば同性である私たち女性が立ち上がれば、そのような構図はできあがらないのではないか」と思い、団体を設立させました（ＢＬＯＧＯＳ編集部　２０１３）。

日本に対する誤解を糾すために、男性よりも女性が立ち上がったほうがよいと考え、参加するようになったという説明がなされている。

次に、２００９年（会則より）に設立された「日本女性の会そよ風」は「慰安婦」問題を含む政治的なテーマに取り組んでいる。サイトトップに下記のように記している。

マスコミの偏向報道、教育の場での自虐史観授業等に日本の危機を感じています。
もう男性達だけには任せておけない！
日本を護る為に私たち女性は立ち上がります。
先人達が命をかけて築きあげてきたこの素晴らしい国、日本を失わないために
今、私達が頑張らないといけないのではないでしょうか。
語るだけでは何も変わらない、私達は行動します。
そよ風は日本を愛する女性の会です（日本女性の会　そよ風　２００９）。

なでしこアクションもそよ風もともに、署名活動の呼びかけなども行っているが活動はブログ等のインターネット上で活発に展開されている。

第3に、佐波優子『女子と愛国』は「愛国活動に走る若い女性たち」にインタビューした書である。本書によれば、「古今、女性たちは国を愛してきた」が、「ブログを通じた嫌韓流の拡散」により、もともと「学校の歴史授業への疑問」をもっていたこともあり「女子」たちは「愛国」に目覚めた。

女性が家族を愛するようになるのと同じように、家族を護り育む基盤となる、国を愛するのだ。それは独身の時には気付かなかった感情に違いない。結婚と愛国は、女子の中では深く結びついているものなのである（佐波 2013：221）。

これらの言説は、「愛国女子」という参画型女性役割を提示していると解釈できる。「国家」という従来男性の領域とされていたマクロな世界に女性も「参画」していく、しかしあくまでもその参画の形は従来の女性役割から決して逸脱することなく、男性の活躍に対して補助的、代替的な効果をねらったものという範囲を守っている。

ナショナリズム運動に参加する女性の存在は、1930年代の女性活動家の戦争協力や一般女性の「挙国一致」愛国運動の歴史にあるように、これが初めてではない。ただし、現在の動きには、より自発的主体的な特徴が見て取れる。

上記の言説では、男性に代わって「女性が自ら国家のために立ち上がる」ことが強調されている。そして、それが社会的に有効であるという自覚がもたれている。社会的な視線に対して戦略的に女性としての自己を演出していこうという主体性が見出せるのである。これは「参画型女性アイデンティティ」ともいえるものである。政治に関わるときの自己の「女性」「女子」というアイデンティティは自覚的に利用するが、そこでの政治の内容からは「女性の人権」のようなジェンダーに関わる問題はあらかじめ排除される。この参画型女性アイデンティティによって守られるのは「国家」の権威であり、国家のためにこそ「女子」の立場は価値をもっている。

では、このような運動の特徴はより広範な社会的状況とどのように関連しているだろうか。

6　ポストフェミニズムと参画型少女シンボル

これまでジェンダー論では、1990年代後半頃からのフェミニズムに対するバックラッシュの担い手として、旧来の保守層のほかに若年男性について論じられていた。日本社会で格差が拡大し、男性の一般的な既得権から周縁化された若年男性たちが閉塞感を国家の権威によって解消しようとする中で、保守的なジェンダー秩序の復権を求めるのがバックラッシュだと考えられた。彼らは自己の生活や社会への不満を、国家の権威に同一化することで払拭しようとしているという解釈である。

確かに、若者世代の保守化について中西新太郎（2013）が論じているように、中高年世代にはあまり認識されていないが、グローバルな国家間競争の中で日本が下降していくことへの恐怖感を、その恐怖が事実にもとづいているかどうかは不明だとしても、若者世代は強く感じている。過去に日本は繁栄を終え、自らの世代の未来は韓国や中国に追い落とされ、衰退していく一方だと認識している。そのような閉塞感は暴力性を恒常化させ、捌け口を常に求めている。これは、小森が批評したような福沢の時代よりも、国家的「繁栄」の歴史が語られた後であるため、より大きな閉塞感だといえるかもしれない。

だが、バックラッシュの担い手は男性だと考えていると、女性たちが愛国運動の中で目立つという近年の変化は理解し難い。近年の女性あるいはジェンダーをめぐる変化は、ポストフェミニズムの議論を通して考えることができる。

まず背景として、グローバル化とその結果の世界経済秩序の変化の中でイギリスやアメリカ合衆国の家父長制も再編された。資本主義の再構築のなかに女性が不可欠の労働力として位置づけられ直し、またそれ以上に女性、とくに少女が変化を示す象徴として称揚されるようになる。

ポストフェミニズム下のマスメディアで頻繁に用いられる少女のイメージは、従来の規範である「かわいらしさ」や「無垢さ」を中心的価値として保持するが、それらをより積極的に「能力」として使いこなす。ときに性的魅力すらも戦略的に発揮し、自らの欲望達成のために性的アイコンを演じることができる。

少女をとりまく男性社会にとっても、資本のために積極的に献身してくれる少女はありがたい存在である。男性中心社会の存在を隠蔽するアリバイとしても少女は機能する。少女のアリバイによって従来のフェミニズムは「過去の遺物」として葬られ、少女の表象はフェミニズム以上に多くの支持を得るため男性中心社会の再生産に貢献する。

バジェオンが論じるように、後期近代において理想的な主体は「フレキシブルで、個人化され、弾力的な、自己を駆動し、自己を作り出す者」だが、このような主体のあり方は若い女性たちにとくに要請されている(Budgeon 2011)。自由と選択という新自由主義のボキャブラリーは「若い女性」というカテゴリーに結びつけられる。

まず、日本社会でフェミニズムやジェンダーがどのように意識されているかといえば、男女共同参画政策や「女性の社会進出」言説による男女平等達成イメージにより「女性差別は解消した」という一般的イメージが広がっている。ジェンダーに関する差別の認識についてはもともと世代による違いが大きいが、性差別が存在しているかどうかについては社会的に混乱している。

たとえば中西は、「フェミニズムという言葉が若年層にどうイメージされているかというと、ジェンダー関係に潜む権力性や抑圧性に対する女性の告発は、男性女性の二分法を前提とした強者側の位置に了解されてしまっているのではないか」(中西　2013：158)としている。つまり若い世代は、フェミニズムによる性差別に対する批判を、男女二分法を前提とした古い認識にもとづいた考えで、かつ強者、権力をもった者の言説だと感じているということである。性差別を批判する「フェミニスト」は、社会的に権力をもった強者だとイメージされがちである。これがフェミニズムへのネガティブなイメージを醸成している感覚である。

前節で見た佐波の著書や、あるいはそもそものつくる会の主張によれば、国家への愛を否定する「自虐史観」を広めている拠点として学校教育が槍玉に挙げられるが、フェミニズムによる男女平等を求める言説は、学校教育と同様に、「個人のリアリティを否定する権威ある存在」として感受され、反発されていると考えられる。

そのように性差別とそれを批判するフェミニズムを過去のものと認識する意識が広がっている一方で、「女子力」や「草食系男子」等の言葉が流行している。これは、一般的な認識とは逆に、ジェンダー規範が社会で根強く機能していることを証明しているのではないだろうか。流行語のジェンダー化は、日本社会におけるポストフェミニズム状況を端的に表現しているように見える。

さまざまな社会現象を見渡してみると、「ビリギャル」の流行はポストフェミニズム論から見て象徴的である。『学年ビリのギャルが1年で偏差値を40上げて慶應大学に現役合格した話』は、少年ではなく少女によって演じられるからこそ新自由主義社会において正当化されるのだろう。学歴社会を勝ち残って社会的上昇を果たすのにふさわしい主役はもはや男子ではなく、女子なのである。

ＡＫＢグループは、男性の人気を得る競争で頑張る少女の世界をそのまま視聴者に差し出す、最大級の参画型エンタテインメントである。安価な費用を払うファンすべてにセンター歌手を選ぶ「総選挙」への参加資格を認め、「少女性」をさまざまに演じてみせるメンバーからファンがそれぞれの嗜好にもとづいてセンターを選ぶことができる。少女たちは相互的な競争に邁進しながらもチームワークを保持する。彼女たちは「卒業」によって入れ替わるため、この世界には終わりがない。ＡＫＢ総合プロデューサー秋元康が語るように、コアなファンの多くは男性であり（秋元・田原　２０１３）、少女たちを応援する男性同士の強いネットワークが形成される。この世界は伝統的なジェンダー秩序を「少女の主体的参加」という免罪符によって社会に新たに浸透させる意味をもっている。そして、ＡＫＢグループが体現するような「女子っぽさ」「女子力」は年齢を問わずすべての女性にとって望ましい魅力としてマスメディアやマーケットによって喧伝されている。

このようなジェンダーをめぐる変化を批判しようとするときの難しさは、フェミニズム的論理との関係である。前述したように社会主流に広がる価値観としてはフェミニズムは古いものとして廃棄されかかっているが、たとえば「女子力」のように女性のアイデンティティを前面に出すレトリックは、これまでのフェミニズムの方法に共通しているため混同されやすい。「女性」というアイデンティティに肯定的な意味をもたせて「女性の力」を再評価しようとしたのはフェミニズム自身なのであるから。そのため従来のフェミニズムの支持層も「女子力」現象の抑圧性を見極めにくい。そうするとこの新しい状況を批判する勢力が不在になってしまうのである。

また、１９９０年代以来広がった少子化という問題設定は、「人口減少」というマクロな現象を「国家の危機」と位置づけ、個々人の存在を、国家を構成する一要素と考える思考法を浸透させた。さらに２０００年代から、結婚するための活動を意味する「婚活」という流行語が生まれ、企業だけでなく地方自治体もが事業化して支援するまでに発展した。それまでは一応個人の私的な領域にあるとみなされていた結婚という行為が、公的機関によって後押しされてよい「活動」と考えられるように変容した。国家や公的存在が個のセクシュアリティを明示的制度的組織的に管理することへの違和感のなさは、現在のジェンダー秩序の重要な特徴であろう。

以上のようなポストフェミニズム的ジェンダー秩序が展開する日本社会において「慰安婦」問題はどのような意味をもってくるだろうか。女子力は女性を競争させ、序列化していく概念であり、その競争は経済的社会的権力の獲得に向けられている。さらにその競争の意味づけが、国家という権力に方向づけられれば、それは容易にナショナリズムに転化する。国家秩序に従って輝くのが「新しい女子」の魅力であり、優等生となる。このような「女子力」の論理でいうと、声を上げた「慰安婦」被害者は、国家に「楯突く」違反者になってしまう。

逆にいえば、声を上げずに軍人に献身的に尽くした「慰安婦」を「愛国の女子」として語る歴史観は、「参画型少女」のシンボルという意味でこの新しいジェンダー秩序の一つの戦略として捉えられなければならないだろう。その意味で、「愛国の女子」表象の危険性がある。

新しいジェンダー秩序の中で「慰安婦」問題がこのまま消去されていってしまえば、性暴力被害者の尊厳より国家の権威のほうが重要なのだというメッセージを与えることになってしまうかもしれない。そのとき、国家は無謬の権力として感受され、女性から抵抗する自由は奪われてしまうだろう。

7 ネオリベラル・ジェンダー秩序を批判するフェミニズムへ

本書では、以上のような新しいジェンダー秩序を「ネオリベラル・ジェンダー秩序」と名づけた。ネオリベラル・ジェンダー秩序とは、ポストフェミニズム的な社会状況のもとで、旧来のジェンダー秩序を軸にしながら、ネオリベラリズムに適合的に再編されたジェンダー秩序である。

女性は若さと美しさが以前にもまして至上の価値となり、旧来の家事労働に加えて労働市場においても輝くことを求められ、競争の中におかれる。男性はバックラッシュの担い手となるような下層とは別に、細谷実(2006)が指摘する階層の高い男性性が形成され、男性集団内で分化していくだろう。細谷によれば、近年、新自由主義や個人主義に共鳴する都市部の中間層が保守層と連動してきている。実は彼らもバックラッシュの担い手であったが、フェミニズムはそれを見落としてきたと細谷は批判する。社会的地位や経済力のある層の男性がネオリベラル・ジェンダー秩序を積極的に展開していく可能性がある。ネオリベラル・ジェンダー秩序は女性性と男性性の意味合いをこれまでの内容を維持しながらずらしていくため、その変容を見極めていくのが重要である。

2000年代以降の新しい社会運動は、旧来の「左翼」運動の歴史から自らを差異化する特徴がある。そこでは「左翼」的な論理や方法論は否定され、「終了」が宣告され、代わりに「普通のひと」のもつ「主流の価値観」が良いとされる。そのなかでフェミニズムも忌避されがちである。そのような傾向はナショナリズム運動における「左翼」やフェミニズム・バッシングと共通しており、フェミニズムに対する風当たりは厳しい。ネオリベラル・ジェンダー秩序はこのような近年の運動の変化にも支えられている。

以上のような状況下での「愛国女子」の表象は「慰安婦」問題をより混迷させ、記憶の消失と改ざんを促進する。「慰安婦」の表象が、従来の「金のために兵をだます売春婦」イメージから、「愛国の慰安婦」

へと変質し、しかも「慰安婦」を否定する女性自身が「愛国女子」を名乗るという複雑な構図を呈している。「少女」のポジションをめぐる意味づけの争いが起きているかのようである。

本章で概観したこういった新たな状況をフェミニズムは批判できているだろうか。これまで、日本のフェミニズムが「慰安婦」問題の解決のために十分に役割を果たしてきたとはいえない（北原　２０１７）。そこには従来から指摘されている学問と運動の距離の遠さも関わっているだろう。「慰安婦」問題は国家が加害者となった性暴力であるが、フェミニズムにおいて「国家」は十分批判的に検討されてこなかった。

１９９０年代後半から２０００年代にかけてのバックラッシュに対抗する動きを振り返ると、最も攻撃されていたのが日本軍「慰安婦」被害女性だったにもかかわらず、フェミニズムの側からは「ジェンダーフリー・バッシング」として対抗された。「ジェンダーフリー」概念が攻撃されていたことに対して反論する必要はあったものの、同時に「慰安婦」バッシングに対しても同等の力が傾注されるべきであっただろう。

フェミニズムの限界が意識されるのは日本だけではない。本書で繰り返し見たように、ナンシー・フレイザー（2009＝２０１１）は、第2波フェミニズムの軌跡を、現在のネオリベラリズムの時代状況に照らして考察している。１９６０年代に生まれた第2波フェミニズムは、「国家により組織された資本主義」の男性中心主義への批判として出現した。それはその段階では一定の意義をもったが、資本主義の構造変化によりネオリベラリズムの時代へ移行すると、換骨奪胎されてしまったのではないかと指摘する。

第2波フェミニズムによって始まった文化的変化は、それ自体は有益なものだとしても、公正な社会のフェミニスト版と真っ向から対立する、資本主義社会の構造的変化を正当化するのに一役かったというものである（Fraser 2009：99＝2011：29）。

フレイザーは、第2波フェミニズムのさまざまな手法をネオリベラリズムが流用し、道具としたというのである。たとえばフェミニズムは、家族賃金という考え方が男性を稼ぎ手で女性を主婦とする家族モデルにもとづいていることを批判した。だがその批判はネオリベラリズムによって女性を安価な労働力として、男性稼ぎ手モデルから二人稼ぎ手モデルへと代替させることへ還元された。フェミニズムの下地の一つだった女性の社会参加の意欲は、ネオリベラリズム下で資本蓄積のための動力として利用されたのである。

フレイザーの反省が正しいとすれば、ネオリベラル・ジェンダー秩序に対して抵抗するためにはフェミニズムは根本的に変革されなければならない。日本におけるネオリベラリズム的社会変化は英米と比較してより伝統的な要素を保持して展開されるため、フェミニズムが英米以上に否定的に意味づけされる。日本のフェミニズムは伝統的保守勢力とネオリベラルな個人主義勢力との双方から攻撃されるという難しい局面におかれている。

このような危機的状況の中でフェミニズムを現実的批判勢力としてどのように構想できるだろうか。

本章は、「慰安婦」問題はフェミニズムにとって最大の課題の一つであるという視点に立ち戻ることを提唱したい。「慰安婦」問題は国家、民族、階級等々の複雑な権力配置を踏まえなければ解決できない、困難な課題である。だがだからこそ、その解決を目標と設定すること自体に意味があるといえるのではないだろうか。

「慰安婦」問題に十分取り組めなかったフェミニズムの問題と、フレイザーの批判のようにフェミニズムがネオリベラリズムに換骨奪胎された問題は遠いところで関連しているように見える。それは新自由主義や植民地主義という概念で問題化される資本と国家の絡まった権力構造をフェミニズムが批判的に見据えることができていないということを示している。

現在、ネオリベラリズムが進展して、資本の暴力性が強化されるにつれて国家の権威に依存しようという層や国家に希望を見出す言説が増殖している。「慰安婦＝売春婦」表象は、そのように資本の抑圧からの救済を国家に見出そうという心性からも立ち上がっているだろう。

このようななか「愛国女子」の表象は強力に機能しうる。「愛国女子」の表象に対して抵抗していくことはネオリベラル・ジェンダー秩序の増進を止めることにつながるだろう。フェミニズムに可能なことは、「愛国女子」に代表されるネオリベラル・ジェンダー秩序の抑圧性に気づき、批判的想像力を蓄えうる空間を開くことである。ジェンダー秩序に違和感のある層に向けて、抵抗や批判の言語を創造し続けていく必要があるだろう。そのためには、従来のフェミニズムの視座を更新して、「女子」を称揚するネオリベラル・ジェンダー秩序と見紛うアイデンティティ・ポリティクスとは違う方法を見出すことが求められる。

新自由主義が破壊した最大のものは社会的連帯への希望的感性・価値観である。効率や利潤、競争とは違う理念を言語化できない無力感が広がっている。社会的連帯へと向かうべき意識がナショナリズムへと引き寄せられているのである。そうであるからこそ、フェミニズムが分離主義的方法を超えて、広い範囲での社会的連帯を見据えていく過程が、国家による女性の間の、さらには女性とそれ以外の間の分断から回復する道を切り拓くことになるだろう。

【注】

＊1　「上からのレイシズム」について森（２０１４）参照。

＊2　朴（２００６）も一部で議論となった。

【文献】

秋元康・田原総一朗（２０１３）『ＡＫＢ48の戦略！』アスコム

ＢＬＯＧＯＳ編集部（２０１３）「『慰安婦＝性奴隷』のウソに終止符を！　なでしこアクション代表山本優美子インタビュー」Retrieved from http://blogos.com/article/71922/（最終閲覧２０１８年４月１日）

ＢＬＯＧＯＳ編集部（２０１４）「〝従軍慰安婦〟は〝性奴隷〟ではない〜なでしこアクション・山本優美子氏が会見」Retrieved from http://blogos.com/article/90160/（最終閲覧２０１８年12月12日）

Budgeon, Shelley (2011) "The Contradicions of Successful Femininity", Rosalind Gill & Christina Sharff. Eds., *New Femininities.*, Palgrave Macmillan.

Fraser, Nancy (2009) "Feminism, Capitalism and the Cunning of History", *New Left Review* 2:56 March/April ＝（２０１１）ナンシー・フレイザー「フェミニズム、資本主義、歴史の狡猾さ」関口すみ子訳、『法学志林』

第109巻第1号
藤岡信勝（1996）『汚辱の近現代史――いま、克服のとき』徳間書店
細谷実（2006）「フェミニズム、バックラッシュ、個人主義　シンポジウム　女性学のこれまで・これから――新自由主義にどう対峙するか」『あごら』306号、BOC出版部
菊地夏野（2010）『ポストコロニアリズムとジェンダー』青弓社
――――（2016）「モザイク化する差異と境界」好井裕明・関礼子編『戦争社会学――理論・大衆社会・表象文化』明石書店
北原みのり（2017）「声を上げた現代日本の被害者たち。その声に向き合うために」中野敏男・板垣竜太・金昌祿・岡本有佳・金富子編『「慰安婦」問題と未来への責任』大月書店
小森陽一（2001）『ポストコロニアル』岩波書店
前田朗（2015）「植民地解放闘争を矮小化する戦略」『社会評論』第180号
Mcrobbie, Angela (2009) *The aftermath of feminism*, SAGE
森千香子（2014）「ヘイト・スピーチトレイシスムの関係性」金尚均編『ヘイト・スピーチの法的研究』法律文化社
中西新太郎（2013）「なぜ多くの若者は『慰安婦』問題を縁遠く感じるのか」「戦争と女性への暴力」リサーチ・アクションセンター編『「慰安婦」バッシングを越えて――「河野談話」と日本の責任』大月書店
日本女性の会　そよ風（2009）「日本女性の会　そよ風　トップ」Retrieved from http://www.soyokaze2009.com/index.php（2015年8月24日最終閲覧）
朴裕河（2006）『和解のために』平凡社
朴裕河（2014）『帝国の慰安婦――植民地支配と記憶の闘い』朝日新聞出版
佐波優子（2013）『女子と愛国』祥伝社

坪田信貴（２０１３）『学年ビリのギャルが1年で偏差値を40上げて慶應大学に合格した話』KADOKAWA
ＶＡＷＷ-ＮＥＴジャパン編（２００５）『ＮＨＫ番組改変と政治介入——女性国際戦犯法廷をめぐって何が起きたか』世織書房

むすび

ここでは、本書を通して明らかにしたかったことを改めて述べておきたい。

冒頭でも書いたように、「性差別は終わった」、あるいは「フェミニズムは過去のもの」という認識の広がりに危機感をもったことが出発点だった。以前のようなフェミニズムの盛り上がりが後退した中で、具体的に性差別を問題化する大きな波がなければ、そのような認識は正当化されかねない。

確かに、70年代から80年代にかけてさまざまな形で展開された女性運動やフェミニズムに比べるなら、その後同じような盛り上がりは目立たない。だがそれが、「フェミニズムが不要であること」を意味していると考えてよいのだろうか。むしろ、異議申し立ての沈静化は、抑圧の深さを示している可能性もある。本書はそのような問題意識で改めて現在の日本社会を考察したものである。

本書で示したかったことは、そのような複雑な状況をポストフェミニズムとして捉え返すことの必要性である。新自由主義においてフェミニズムはそれまでと違う意味づけをもつ。フェミニズムは国家の政策にくみこまれるが、それは「人権」や「平等」の問題としてではなく、「労働力」や「資源」の問題となり、戦略的な「国家的課題」として語られる。そのためフェミニズムは複雑な位置におかれることになる。フェミニズムは国家に対する批判勢力というよりは、その政治的一翼としてみなされるようになり、反発を受けざるをえない。しかし、政治にくみこまれた「フェミニズム的課題」はそれまでのフェミニズムが指し示すものからは変質している。国家の政策の中にフェミニズムが存在しているとは言い難いにもかかわらず、フェミニズムがその一翼を担うものとしてみなされるという二律背反の立場におかれる。本書はその複雑な状況を取り上げ、解きほぐす努力を行ったつもりである。この複雑さにどう対峙するかでこれからのフェミニズムのあり方は変わってくるだろう。ネオリベラリズムはあらゆる実践や運動を消化し、違ったものに咀嚼して再生産する。私たちはこの作用に気づき、脱却しなくてはいけない。

また、本書で繰り返し取り上げた「女子」の表象が、ポストフェミニズムの主要なアイコンである。旧来的な古い役割規範と、新自由主義的な意味内容を併せもつ「女子」の両議性に気づくかどうかでも今後の針路は変わりうる。

最終的には、現在の文化や社会的言説に漂うポストフェミニズムを、「ネオリベラル・ジェンダー秩序」として再構成し、社会経済の制度的次元とともに批判的思考の対象とする必要がある。フェミニズムの役割が曖昧になっている現在、改めて、何が女性を抑圧しているのか、ジェンダーとセクシュアリティの秩序を形成している仕組みを言語化しなければフェミニズムの必要性も見えてこないのである。

資本の形の変容によるジェンダーとセクシュアリティのあり方への影響は甚大なものがある。ジェンダーやセクシュアリティを語る言語の多くはそのことを軽視しすぎている。ジェンダーとセクシュアリティの秩序を認識するときに資本主義のイデオロギーに沿って理解してしまう危険が常にあることを、新自由主義下ではとりわけ意識しなくてはいけないのである。

目立つ規模ではなくともフェミニズムの運動は絶えず持続している。必要なのは、運動の断続的であれ生じるさざ波の継続と、それを支える理論の再生だろう。ときにフェミニズムは厳しい内省を迫られることもあるけれども、現実に直面する中からしか可能性は見えてこない。本書がその試みの一つとなることを願っている。

あとがき

ここ10年くらいの、いやひょっとしたらそれ以上に長い間抱えていたもやもやは、フェミニズムとは何なのか、誰のための誰のものなのか、何に対するものなのかといった疑問だった。このもやもやは、ポストフェミニズムに関する文章を読むたびにクリアになり、ナンシー・フレイザーを理解するにつれて解明されていったように思う。この感覚は、大学に入ってフェミニズムに関連する文章を読み始めたときに感じたものと似ている。その頃の感覚はもっと単純で、男性中心社会に生きる上での危険や葛藤、矛盾をどのように考えるか教えてもらうものだった。その後、社会はより複雑化し、フェミニズムをとりまく状況も一筋縄ではいかなくなった。

疑問のすべてが解けたわけではない。まだ論じ残したことは多い。だが現段階での自分のフェミニズムと日本社会に対する思考を言葉にして整理した。

この数年で「#MeToo」運動が世界的に盛り上がり、その波は日本にも届いている。同時に、「新しいフェミニズム」「やわらかフェミニズム」といった言葉で何かを報道しようとするメディアの言説も登場し、フェミニズムが再燃しているかのように感じている方も多いかもしれない。

本書で繰り返し紹介したロザリンド・ギルは、2016年発表の論文「ポスト‐ポストフェミニズム？――ポストフェミニストの時代における新しいフェミニストの可視化（"Post-postfeminism?: new feminist visibilities in postfeminist times"）」（*Feminist Media Studies* vol.16-4）で、このような変化をどう捉えるべきか論じている。ギルは、「フェミニズムの再燃」とも見える現象によって、ポストフェミニズム論の有効性を疑問視する議論に対して反駁している。ギルは、可視化されたフェミニズムの表象を検討し、その可視化はある種の内容に不均等に偏っていると指摘している。可視化されるのは大企業の利益に貢献するネオリベラル・フェミニズムであり、貧困や差別に抵抗し、マイノリティのための福祉や社会保障予算の削減に反対したり、移民の強制送還に抗議したりするフェミニズムは周縁化されていると分析する。つまり、可視化されるのはまぎれもないポストフェミニストの形象なのである。

ギルの分析を踏まえて考えれば、日本社会は本格的にポストフェミニズムの時代に突入したといえるかもしれない。

もちろんどれか、誰かがポストフェミニストであり、誰かは「真のフェミニスト」であるなどという判別はできないし、意味がないだろう。そうではなく、少なくともポストフェミニズムとしか名指すことのできないパターン化された表象や言説、さらに活動や政策が登場して増殖していること、それは何らかの権力作用を伴って私たちの周りと内部を侵食しようとしていることに気づく必要があるということだ。

フェミニズムは常に現実の権力関係や社会構造の中におかれるべきであり、現実から遊離した抽象の物象化であってはいけない。「階級や地位が違っても女性同士なら共感できる」という思考によってさまざまな権力関係が無化されてはいけないのではないだろうか。

本書の各章の初出は次の通りであり、それぞれ加筆修正した。これ以外は書き下ろしである。

第3章「ポストフェミニズムと日本社会――女子力・婚活・男女共同参画」越智博美・河野真太郎編著『ジェンダーにおける「承認」と「再分配」――格差、文化、イスラーム』彩流社、2015年、67－88頁

第4章「『女子力』とポストフェミニズム――大学生の『女子力』使用実態アンケート調査から」名古屋市立大学大学院人間文化研究科『人間文化研究』25号、2016年、19－48頁

第5章「大阪・脱原発女子デモからみる日本社会の（ポスト）フェミニズム――ストリートとアンダーグラウンドの政治」『言葉が生まれる、言葉を生む――カルチュラル・タイフーン2012 in 広島／ジェンダー・フェミニズム篇』ひろしま女性学研究所、2013年、116－140頁

第6章「『慰安婦』問題を覆うネオリベラル・ジェンダー秩序――『愛国女子』とポストフェミニズム」国際基督教大学ジェンダー研究センター『ジェンダー&セクシュアリティ』11号、2016年

ここに名前を挙げることはできないが、多くの方のおかげで本書は完成できた。また、本書をまとめている間に、母・菊地（佐藤）逸子が旅立った。私に最も早く、そして最も深くフェミニズムを教えてくれた

母への感謝の念をここに記したい。

本書は、二〇一七－一八年度日本学術振興会科学研究費補助金を用いて研究した成果である。

2019年1月

著者
菊地夏野（きくち　なつの）
名古屋市立大学人間文化研究科准教授
専攻：社会学，ジェンダー／セクシュアリティ研究
主著：『ポストコロニアリズムとジェンダー』（青弓社，2010年）
『ナゴヤ・ピース・ストーリーズ――ほんとうの平和を地域から』（共著，風媒社，2015年）

DTP　岡田グラフ
装幀　廣田清子

日本のポストフェミニズム――「女子力」とネオリベラリズム

2019年2月28日　第1刷発行
2024年9月20日　第5刷発行

定価はカバーに表示してあります

著　者　菊地夏野
発行者　中川　進

〒113-0033　東京都文京区本郷2-27-16
発行所　株式会社　大月書店
印刷　太平印刷社
製本　プロケード
電話（代表）03-3813-4651　FAX 03-3813-4656　振替00130-7-16387
http://www.otsukishoten.co.jp/

ISBN978-4-272-35045-2　C0036　Printed in Japan